新时代劳动教育系列教材

专家指导委员会主任　**石连海**　总主编　**李岑虎**

LAODONG JIAOYU JIAOXUE FANGFA
劳动教育教学方法

主　编◎王立龙　赵芳鋆
副主编◎刘乃宝　李　冰　袁铜墙　戴家芳
　　　　李小玲　赵　蕾

北京·旅游教育出版社

图书在版编目（CIP）数据

劳动教育教学方法 / 王立龙，赵芳銎主编． -- 北京：旅游教育出版社，2023.8

新时代劳动教育系列教材

ISBN 978-7-5637-4552-4

Ⅰ．①劳… Ⅱ．①王… ②赵… Ⅲ．①劳动教育－教学研究－教材 Ⅳ．①G40-015

中国国家版本馆CIP数据核字(2023)第055146号

新时代劳动教育系列教材

劳动教育教学方法

王立龙　赵芳銎　主编

刘乃宝　李　冰　袁铜墙　戴家芳　李小玲　赵　蕾　副主编

总策划	丁海秀
执行策划	陈卫伟　施云峰
责任编辑	何　玲
出版单位	旅游教育出版社
地　址	北京市朝阳区定福庄南里1号
邮　编	100024
发行电话	（010）65778403　65728372　65767462（传真）
本社网址	www.tepcb.com
E-mail	tepfx@163.com
排版单位	北京旅教文化传播有限公司
印刷单位	唐山玺诚印务有限公司
经销单位	新华书店
开　本	710毫米×1000毫米　1/16
印　张	16.25
字　数	215千字
版　次	2023年8月第1版
印　次	2023年8月第1次印刷
定　价	88.00元

（图书如有装订差错请与发行部联系）

新时代劳动教育系列教材
顾问、专家指导委员会、编委会

顾 问

白晓泳（中国智慧工程研究会劳动教育工作委员会秘书长）

专家指导委员会

主　　任： 石连海（中国成人教育协会教师继续教育专业委员会副理事长兼秘书长）

委　　员： 邓德智　甄鸿启　梅　洁　黄国萍　丁海秀

编委会

总 主 编： 李岑虎（中国智慧工程研究会劳动教育工作委员会委员）

副总主编： 张会臣（西安新未来劳动教育实践基地创始人）

编　　委（按姓氏拼音排列）：

包永和	蔡振禹	陈　岗	陈芸先	戴家芳	戴筱筱	邓永秀	杜丽卿
杜连丰	房祥伟	房萧萧	冯景波	付　国	高　磊	高　霞	高　岩
胡毓芳	黄明秋	霍　炜	姜　源	蒋建华	康园园	孔凡平	李　昂
李本友	李　冰	李　兵	李凤堂	李广海	李护君	李金锥	李景乐
李　明	李荣强	李小玲	李兴鹏	李英英	李玉梅	李源田	李　月
李子尚	梁　雪	梁媛媛	刘东波	刘　芬	刘华杰	刘俊凤	刘乃宝
刘胜海	刘旭东	刘雁琪	刘云飞	柳翔浩	卢　阳	罗　瑛	吕　远
孟繁胜	孟　缘	米　多	齐春梅	曲国辉	任　婧	施美彬	石媚山
史晓慧	司春霞	宋垾竹	苏在中	隋国成	孙明书	孙树伟	索利刚
谭　慧	唐文慧	田宏忠	田　莹	田张珊	王　航	王俊伟	王　靓
王立龙	王挽澜	王子璇	文智丽	巫常清	吴　华	吴振利	吴子璇
夏　强	熊　旭	薛继红	杨润勇	由　杰	于　玲	袁春艳	袁铜墙
战　帅	张　栋	张双军	张　侠	张晓白	张彦来	张志生	章永平
赵芳鋆	赵　蕾	赵晓炜	赵永奇	郑晓堂	周　科	周颖霞	朱厚颖

《劳动教育教学方法》
编委会

主　编
王立龙（安徽师范大学生命科学学院副院长）
赵芳銎（中原科技学院管理学院副院长）

副主编
刘乃宝　李　冰　袁铜墙　戴家芳　李小玲　赵　蕾

编　委
周　科　刘胜海　夏　强　李玉梅　王子璇　邓永秀　李荣强　王挽澜
李　明　赵永奇　王　航

总 序
FOREWORD

党的二十大报告指出:"教育是国之大计、党之大计。培养什么人、怎样培养人、为谁培养人是教育的根本问题。"教育要抓什么？德育、智育、体育、美育、劳育都不可偏废。2020年3月，中共中央、国务院印发《关于全面加强新时代大中小学劳动教育的意见》，提出劳动教育是中国特色社会主义教育制度的重要内容，直接决定社会主义建设者和接班人的劳动精神面貌、劳动价值取向和劳动技能水平。2022年4月，教育部正式印发《义务教育课程方案》，将劳动教育从原来的综合实践活动课程中完全独立出来，并发布《义务教育劳动课程标准（2022年版）》。2022年9月起，劳动课正式成为中小学的一门独立课程。在"双减"大背景下，国家对劳动教育的重视与日俱增，很多综合实践教育基地陆续开展劳动教育课程。在劳动教育全面铺开的背景下，却面临着高素质劳动教育指导教师短缺的问题。因此，开展劳动教育指导教师培训、编写相关培训教材迫在眉睫。

2022年7月31日，我们受旅游教育出版社之邀，与李岑虎、王立龙、石媚山等30多位来自行业、企业、院校的资深专家齐聚北京，研讨并启动全国首套新时代劳动教育系列教材编写与出版工作。本套教材由本人担任专家指导委员会主任，中国智慧工程研究会劳动教育工作委员会委员李岑虎担任总主编，各教研院校学科带头人、行业专家担任分册主编、编委，组成系列教材编委会。

"新时代劳动教育系列教材"包括《劳动教育概论》《劳动教育课程设计》《劳动教育教学方法》《劳动教育实践基地运营与管理》《劳动教育安全管理》《劳动教育案例选评》6本，编写阵容强大，突出理论与实践的结合。本套教材主要具有以下特点：

一、全国首套，理念先进

作为国内首套新时代劳动教育系列教材，本套教材涉及劳动教育性质和基本理念、目标和内容、关键环节和评价、规划和实施、条件保障与专业支持等内容。在已有的知识体系框架基础上，我们尝试传递更多、更系统的知识内容，同时根据不同年龄阶段学生的身心发展特点、认知水平设计教材教学内容，尽可能实现内容的横向和纵向贯通。

二、体系完整，科学规范

本套教材从基础性的劳动教育概论开始，由浅入深，遵循教育学的基本理论，同时也注重课程设计、教学方法、基地运营、安全管理等实操能力的培养。在编写过程中，我们认真深入研读国家政策文件，确定本套教材的重点、难点及需要注意的事项，并组织编写团队多次到学校、实践基地调研，致力于将政策文件层面的要求与实际需求相融合，贴合国家关于劳动教育的教学要求。

三、案例教学，实操性强

为方便教学，教材中引入大量案例。这些案例均来自学校、劳动教育基地，参考性强，真正做到以案例引入学习，以案例增进理解，以案例引导实操。

四、立体呈现，资源丰富

教材通过二维码链接了微课、视频、图文等富媒体资源，读者只需用手机扫码，就能够轻松浏览。

本套教材既可作为全国大中小学劳动教育指导教师培训教材，也可作为各类劳动教育实践基地专业培训用书，同时还可作为劳动教育研究机构的参考用书。

作为全国首套新时代劳动教育系列教材，在劳动教育发展日新月异的时代背景下，书中如有缺陷与不足，恳望读者指正，我们将在再版过程中予以完善与修正。

中国成人教育协会教师继续教育专业委员会副理事长兼秘书长　石连海

2023 年 8 月

前 言
PREFACE

中共中央、国务院《关于全面加强新时代大中小学劳动教育的意见》和教育部印发的《大中小学劳动教育指导纲要（试行）》开启了新时代劳动教育的大门，增强了劳动教育工作者的信心，也为劳动教育工作者指明了方向和道路。目前，国内关于劳动教育的理论研究和实践教育正如火如荼地展开。旅游教育出版社迅速落实国家政策文件，主动作为，组织了数次劳动教育教材撰写研讨会与交流会议，我们有幸参与其中学习、分享，与全国多行业的专家、学者、劳动教育工作者交流、探讨新时代劳动教育的特点、开展的模式、存在的问题、拟推动解决的思路等，受益匪浅。

在研讨中，我们发现两个指导性文件对新时代的劳动教育做出了系统性和科学性的设计，但文件中涉及具体的劳动教育教学的方法内容较少。仅在劳动教育关键环节中提出了讲解说明、淬炼操作、项目实践、反思交流、榜样激励5个环节，以及在劳动教育评价部分指出要健全和完善学生劳动素养评价标准、程序和方法。文件中的这些内容更多是关于劳动教育的环节要素。而目前从方法论角度去系统阐述关于新时代劳动教育教学方法的教材还未出现。鉴于此，我们组织编写《劳动教育教学方法》这本教材，在编写团队8人的共同努力下，历时近1年时间终于完成了本书编写。本书系2020年度国家社会科学基金项目"新时代学校劳动教育研究"（项目批准号：20BKS127）的阶段性研究成果。

本书在历史唯物主义原理的指导下，依据中央会议和文件的基本精神，把马克思主义劳动观念贯穿全书。面对中国特色社会主义进入新时代出现的新情况、新任务，劳动教育尤其要顺应科技革命和产业革命的世界潮流，要服务于建设世界科技强国的迫切需要。

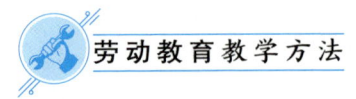

本书的特色如下：

1. 理论与实践相融合

本书从马克思主义劳动价值观入手，介绍了劳动教育的内涵、特征和本质。对生活教育理论、体验教育理论等理论进行阐述，探究其内涵，梳理其对劳动教育课程设计和实施的指导作用，佐以实践案例进行验证，并对传统文化和新时代背景下的劳动教育方向进行展望。同时，本书重点对讲授示范法、现场参观访问法、情景角色体验法、探究法、项目完成法、专项劳动教育教学方法，以及创新性劳动教育教学方法这些目前被采用最多的劳动教育教学方法实践进行系统探究，注重可操作性。

2. 形式多样，内容丰富

本书以劳动教育的方法论为指引，力图在案例中提取劳动教育教学方法。为增强教材的可读性，编者还增加了很多劳动教育的图片、视频和文本。很多视频和图片都是编写组老师根据自己多年的教育实践制作和拍摄的，还有部分内容选自编写组老师的个人自媒体账号。

本书由安徽师范大学王立龙（编写第 10 章和第 11 章）和中原科技学院赵芳鋆（编写第 2 章前 3 节和第 8 章）共同担任主编，由皖西学院刘乃宝（编写第 5 章和第 9 章）、中原科技学院李冰（编写第 3 章）、安徽师范大学袁铜墙（编写第 6 章）和戴家芳（编写第 1 章和第 2 章第 4 节）、中原科技学院李小玲（编写第 4 章）、亳州市州东中心小学赵蕾（编写第 7 章）担任副主编。全书大纲编撰及统稿工作由王立龙、赵芳鋆负责。

在该书编写过程中，荒野科学教育咨询有限公司、西安新未来劳动教育实践基地等教育机构提供了大量案例材料，广西教育学院陈芸先教授参与了前期大纲编撰，夏强同学作为编写组秘书参与编写，付出了诸多劳动，对他们表示衷心的感谢。还要感谢河南省外事侨务服务中心提供的帮助。

因作者水平有限，若书中出现不妥之处，敬请各位读者不吝赐教，以便及时修正，提高本书的水准。

王立龙
2023 年 6 月

目录
CONTENTS

模块一　理论篇

第1章　绪　论 ··· 3
第1节　马克思主义劳动价值观 ··· 5
第2节　劳动教育的内涵、特征及其本质 ··· 12
第3节　劳动教育教学方法的类型 ··· 18

第2章　劳动教育教学方法的理论基础 ··· 23
第1节　生活教育理论 ··· 25
第2节　体验教育理论 ··· 31
第3节　新时代劳动教育指导思想 ··· 34

第3章　劳动教育教学方法的实践基础 ··· 39
第1节　传统文化中的劳动文化 ··· 41
第2节　新时代的劳动文化 ··· 48
第3节　国家劳动教育的发展方向 ··· 54
第4节　新时代劳动教育的实践路径 ··· 56

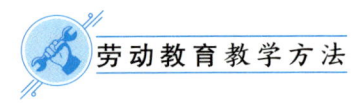

模块二　实操篇

第 4 章　讲授示范法 ······ 67
- 第 1 节　讲授示范法的内涵 ······ 69
- 第 2 节　讲授示范法的内容和要求 ······ 72
- 第 3 节　讲授示范法的方式 ······ 74
- 第 4 节　讲授示范法的评价 ······ 84

第 5 章　现场参观访问法 ······ 87
- 第 1 节　现场参观访问法的概述 ······ 89
- 第 2 节　现场参观访问法的主题选择依据和原则 ······ 95
- 第 3 节　现场参观访问法的流程 ······ 101
- 第 4 节　现场参观访问法的评价 ······ 107

第 6 章　情景角色体验法 ······ 111
- 第 1 节　情景体验教学法 ······ 113
- 第 2 节　角色体验法 ······ 121
- 第 3 节　情景角色体验法的评价 ······ 130

第 7 章　探究法 ······ 135
- 第 1 节　探究法的内涵 ······ 137
- 第 2 节　探究法的实施流程和要求 ······ 143
- 第 3 节　探究法的评价 ······ 147

第 8 章　项目完成法 ······ 155
- 第 1 节　PBL 项目式教学法 ······ 157
- 第 2 节　5E 自然教学模式 ······ 164
- 第 3 节　任务驱动式教学法 ······ 171
- 第 4 节　项目完成法的评价 ······ 177

第 9 章　专项劳动教育教学方法 ·················· 183
第 1 节　小学阶段专项劳动教育教学方法 ·················· 185
第 2 节　初中阶段专项劳动教育教学方法 ·················· 193
第 3 节　普通高中阶段专项劳动教育教学方法 ·················· 201
第 4 节　职业院校阶段专项劳动教育教学方法 ·················· 202
第 5 节　普通高等院校阶段专项劳动教育教学方法 ·················· 205

模块三　发展篇

第 10 章　创新性劳动教育教学方法 ·················· 211
第 1 节　劳动新形态教育教学方法 ·················· 213
第 2 节　产业新业态职业劳动教育教学方法 ·················· 223
第 3 节　新型服务性劳动教育教学方法 ·················· 227
第 4 节　创新性劳动教育教学方法的评价 ·················· 230

第 11 章　新时代劳动教育展望 ·················· 233
第 1 节　劳动思想教育 ·················· 235
第 2 节　劳动能力教育 ·················· 239

模块一　理论篇

第 1 章 绪 论

> **本章导读**
>
> 本绪论从马克思主义劳动价值观入手，介绍劳动教育的内涵、特征、本质、方法类型等内容，重点是对马克思主义劳动价值观的了解，难点是对劳动教育本质的理解。

学习要求

理解并掌握马克思主义劳动价值观的要义，明确劳动教育内涵、特征、方法类型的划分等内容，深刻理解劳动教育的本质。

思维导图

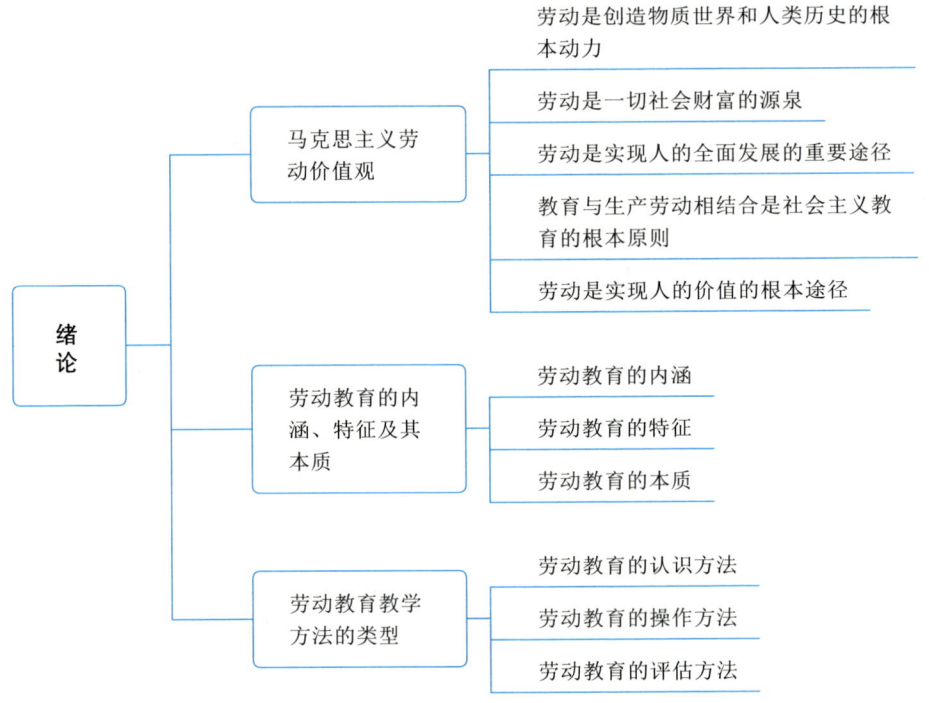

2020年3月20日，中共中央 国务院印发《关于全面加强新时代大中小学劳动教育的意见》，强调劳动教育是中国特色社会主义制度的重要内容，要求全面贯彻党的教育方针，坚持立德树人，把劳动教育纳入人才培养全过程，对加强新时代劳动教育进行了整体设计，推动建立全面实施劳动教育的长效机制，贯通大中小学各学段，贯穿家庭、学校、社会各方面，把握育人导向，遵循教育规律，创新体制机制，注重教育实效，实现知行合一，促进学生形成正确的世界观、人生观、价值观。党的二十大报告明确提出，要落实立德树人根本任务，培养德智体美劳全面发展的社会主义建设者和接班人。劳动教育十年来第一次写进党代会的报告。由此可以看出党和政府对于劳动教育的重视。而科学开展劳动教育，首先要弄清楚马克思主义劳动价值观是什么。新时代劳动教育的本质就是对学生进行马克思主义劳动价值观教育。

第1节　马克思主义劳动价值观

在马克思主义经典著作中，关于劳动的论述非常多。从某种程度上说，劳动问题是马克思主义思想体系的核心。对劳动的价值所在，经典马克思主义者主要是从历史唯物主义、政治经济学和教育学原理三个维度进行理论解释的[①]，主要内涵体现在下面的观点中。

一、劳动是创造物质世界和人类历史的根本动力

（一）劳动创造世界

在马克思看来，构成人类赖以存在的现实世界的关键要素之一，就是人的劳动。这种劳动并不是抽象的劳动，而是现实生活中的人的感性物质劳动，即

---

① 胡君进，檀传宝. 马克思主义的劳动价值观与劳动教育观［J］. 教育研究，2018（5）：9-15.

作为人类实践活动最基本形式的生产劳动，这是人与动物区别的关键。人类通过有意识、有目的的生产活动，试图创造出一个可以满足人类生活需要的物质世界。正如马克思所言，"当人开始生产自己的生活资料，即迈出由他们的肉体组织所决定的这一步的时候，人本身就开始把自己和动物区别开来。"① 正是通过劳动，人类才与外部世界建立了紧密的联系，并且使得外部世界发生了根本性的转变，即自在意义上的自然世界逐渐成为自为意义上的人类世界。人类不只是通过劳动从自然界获得满足生存需要的物质资料，还通过人的现实社会活动改变或创造世界。正如马克思强调的一个简单事实："任何一个民族，如果停止劳动，不用说一年，就是几个星期，也要灭亡，这是每一个小孩都知道的。"②

（二）劳动创造历史

人类的生产劳动真正构成了人类历史的基础，是解开人类历史发展秘密的钥匙。正如马克思所言，"人们为了能够'创造历史'，必须能够生活。但是为了生活，首先就需要吃喝住穿以及其他一些东西。因此第一个历史活动就是生产满足这些需要的资料，即生产物质生活本身。同时这也是人们仅仅为了维持生活，就必须每日每时都要进行的（现在也和几千年前一样）一种历史活动，即一切历史的基本条件"③，因此，人类的历史正是劳动人民通过日常生产劳动创造出来的。恩格斯在马克思伟大发现的基础上，进一步指出："历史破天荒第一次被安置在它的真正基础上；一个很明显而以前完全被人忽略的事实，即人们首先必须吃、喝、住、穿，就是说首先必须劳动，然后才能争取统治，从事政治、宗教和哲学等，——这一很明显的事实在历史上应有的权威，此时终于被承认了。"④ 在马克思的历史唯物主义中，劳动被看成是"一切历史的基本条件"和"人类的第一个历史性活动"，其既是人类历史发展的事实起点，亦是整个历史唯物主义建构的逻辑起点。唯物主义历史观是

---

① 马克思，恩格斯.马克思恩格斯文集：第1卷［M］.中共中央马克思恩格斯列宁斯大林著作编译局，译.北京：人民出版社，2009：519.
② 马克思，恩格斯.马克思恩格斯选集：第4卷［M］.中共中央马克思恩格斯列宁斯大林著作编译局，译.北京：人民出版社，2012：472.
③ 马克思，恩格斯.马克思恩格斯选集：第1卷［M］.中共中央马克思恩格斯列宁斯大林著作编译局，译.北京：人民出版社，2012：158.
④ 马克思，恩格斯.马克思恩格斯选集：第3卷［M］.中共中央马克思恩格斯列宁斯大林著作编译局，译.北京：人民出版社，2012：723.

沿着两个方面发展的：一方面是通过劳动揭示物质资料生产的作用，发现社会关系体系发展的客观规律性；另一方面是从肯定人的主体地位发现人民群众的伟大作用。这两个方面是相互联系的。①

（三）劳动创造了人本身

图1-1　人类的进化

从猿到人进化的过程中，劳动发挥了决定性的作用。这个伟大发现，是恩格斯对历史唯物主义做出的重大贡献。恩格斯在《劳动在从猿到人转变过程中的作用》中指出，"其实劳动和自然界一起才是一切财富的源泉，自然界为劳动提供了材料，劳动把材料变为财富。但是劳动还远不止如此。它是整个人类生活的第一个基本条件，而且达到这样的程度，以致我们在某种意义上不得不说：劳动创造了人本身"。②正是劳动让猿"直立姿势"行走，从而解放了它的"手"，"由此就迈出了从原始人的具有决定意义的一步"③。劳动让"手"得以解放，加速了从猿到人的转变进程，正如恩格斯所说："手不仅是劳动的器官，它还是劳动的产物，由于这样所引起的肌肉、韧带以及在更长时间内引起的骨骼的特别发展遗传下来，而且由于这些遗传下来的灵巧性以愈来愈新的方式运用于新的愈来愈复杂的动作，人的手才达到这样高度

---

① 陈先达.走向历史的深处：马克思历史观研究［M］.北京：中国人民大学出版社，2016：204.
② 马克思，恩格斯.马克思恩格斯选集：第3卷［M］.中共中央马克思恩格斯列宁斯大林著作编译局，译.北京：人民出版社，1972：508.
③ 马克思，恩格斯.马克思恩格斯全集：第9卷［M］.中共中央马克思恩格斯列宁斯大林著作编译局，译.北京：人民出版社，1995：551.

的完善"。① 劳动又产生了人与人之间的交往，继而因为沟通的需要，产生了语言。语言的产生促进了人脑的形成，脑容量的不断增大，意味着思维的出现与发展，而思维具有真正意义上的理性能力，从而把人与动物彻底区别开来。② 正如恩格斯所说，"一句话，动物仅仅利用外部自然界，简单地通过自身的存在在自然界中引起变化；而人则通过他做出的改变来使自然界为自己的目的服务，来支配自然界。这便是人同其他动物的最终的本质差别，而造成这一差别的又是劳动。"③。在《1844年经济学哲学手稿》中，马克思指出，"正是在改造对象世界的过程中，人才真正地证明自己是类存在物。这种生产是人的能动的类生活。通过这种生产，自然界才表现为他的作品和他的现实。因此，劳动的对象是人的类生活的对象化：人不仅像在意识中那样在精神上使自己二重化，而且能动地、现实地使自己二重化，从而在他所创造的世界中直观自身。"④这一阐述深刻说明是劳动将人和猿彻底地区别开来。因此，从人类发生学的角度看，劳动首先创造了人。劳动创造了人之后，劳动才成为人类谋生的手段。正是通过劳动制造并使用工具，改变自然以满足自己生存的需要才使得人类得以存在下去。在劳动的过程中，人与人之间形成一定的社会关系，进而形成人的本质。可见，正是劳动使人真正成为人。

二、劳动是一切社会财富的源泉

只有劳动才能满足人的各种需要。"整个所谓世界历史不外是人通过人的劳动而诞生的过程"⑤，这是马克思对劳动价值观的阐释。他在《资本论》中深刻阐明了劳动与财富之间的关系。马克思曾说，"一切劳动，一方面是人类劳动力在生理学意义上的耗费，就相同的或抽象的人类劳动这个属性来说，它形成

---

① 马克思，恩格斯.马克思恩格斯选集：第3卷［M］.中共中央马克思恩格斯列宁斯大林著作编译局，译.北京：人民出版社，2012：990.
② 田鹏颖.劳动教育概论［M］.北京：工人出版社，2022：7.
③ 马克思，恩格斯.马克思恩格斯选集：第4卷［M］.中共中央马克思恩格斯列宁斯大林著作编译局，译.北京：人民出版社，1995：383.
④ 马克思，恩格斯.马克思恩格斯文集：第1卷［M］.中共中央马克思恩格斯列宁斯大林著作编译局，译.北京：人民出版社，2009：163.
⑤ 马克思，恩格斯.马克思恩格斯文集：第1卷［M］.中共中央马克思恩格斯列宁斯大林著作编译局，译.北京：人民出版社，2009：196.

商品价值。一切劳动,另一方面是人类劳动力在特殊的有一定目的的形式上的耗费;就具体的有用的劳动这个属性来说,它生产使用价值。"①也就是说,一方面,一般的或无差别的人类社会劳动,即不管以哪一种形式进行的,人类劳动力消耗的凝结,是人类劳动力的耗费,其物的形态形成了商品的价值。因此,实际上劳动就是人类劳动力的消耗。另一方面,物的有用性或使用价值,则是由人类的具体劳动来实现的,它生产使用价值。关于劳动与财富的关系问题,恩格斯指出,"政治经济学家说:劳动是一切财富的源泉。其实,劳动和自然界在一起才是一切财富的源泉,自然界为劳动提供材料,劳动把材料转变为财富"。②马克思认为,"劳动并不是它所生产的使用价值即物质财富的唯一源泉。正像威廉·配第所说,劳动是财富之父,土地是财富之母,"③这就充分体现了劳动在财富创造和积累过程中的极端重要性。不光是社会的存在,社会的可持续发展也要求必须要有社会财富的积累和循环。尽管社会财富的积累需要若干条件,但通过节俭和勤勉的劳动获得财富的积累,在道德上便无可非议;提高劳动者的劳动素养这个人力资源优势是生产中的关键因素。

三、劳动是实现人的全面发展的重要途径

何为人的全面发展?马克思、恩格斯最初所言的人的全面发展,不是现今所说的人的德、智、体、美、劳全面发展,而是"人以一种全面的方式,也就是说,作为一个完整的人,占有自己的全面的本质"。④马克思认为,作为类存在物,人的本质是自由自觉的活动,即实践活动,最集中的表现是劳动;作为社会存在物,人的本质在其现实性上是一切社会关系的总和;作为完整的个体的人,人是自然因素、社会因素和精神因素的统一体,人的本质就是人的个性。可见,人的全面发展在马克思看来有多重规定性,人的劳动

---

① 马克思,恩格斯.马克思恩格斯文集:第5卷[M].中共中央马克思恩格斯列宁斯大林著作编译局,译.北京:人民出版社,2009:60.
② 马克思,恩格斯.马克思恩格斯文集:第9卷[M].中共中央马克思恩格斯列宁斯大林著作编译局,译.北京:人民出版社,2009:550.
③ 马克思,恩格斯.马克思恩格斯选集:第2卷[M].中共中央马克思恩格斯列宁斯大林著作编译局,译.北京:人民出版社,1995:121.
④ 马克思,恩格斯.马克思恩格斯全集:第42卷[M].中共中央马克思恩格斯列宁斯大林著作编译局,译.北京:人民出版社,1979:123.

能力的全面发展，主要是人的"生产劳动才能"得到充分的发展，即体力劳动和脑力劳动的协调发展；人的社会关系的全面发展；人的个性的全面发展。如何才能克服社会的精细化分工带来的人在体力劳动和脑力劳动方面的片面发展？人的生产劳动才能如何提升？人与社会的关系如何由片面、狭窄到全面地发展？人的个性如何才能得到自由充分的体现？劳动作为人类实践活动最重要的体现，不仅可以实现人的体力劳动和脑力劳动的协调发展，还可以保证人的体力和脑力获得自由充分地发展和运用。人与社会的关系也一样，只有通过劳动，人才能建立与外界的普遍交往，才能形成普遍的交往关系、生产关系以及全部社会关系。人的个性的自由充分发展，必须消灭旧社会的生存条件，消灭个人隶属于一定阶级的现象，建立新的自由人联合体，"在真正的共同体的条件下，各个人在自己的联合中并通过这种联合获得自己的自由"[1]。可见，劳动作为人类实践活动最集中的表现，能够进一步实现人的自觉能动性、创造性和自主性的全面发展。

四、教育与生产劳动相结合是社会主义教育的根本原则

教育与生产劳动相结合是马克思主义教育理论的重要原理，也是社会主义教育的根本原则。马克思一直强调教育要与生产劳动相结合，首先是因为"科学从生产中分离出来成为独立的体系，生产工作者在劳动过程中已不可能掌握它，而必须在独立于生产劳动过程之外的教育过程中去掌握它"；其次，在马克思构想的社会主义社会中，由于消灭了剥削制度，这就为教育与生产劳动相结合创造了现实的可能。[2] 也就是说，只有社会主义制度才能使得教育与生产劳动相结合逐步成为普遍和完全的现实。正是从这个层面思考，马克思认为，教育与生产劳动相结合是社会主义教育的根本原则。马克思主义的积极实践者和推进者列宁在谈论教育时曾说："没有青年一代的教育与生产劳动的结合，未来社会的理想是不能想象的：无论是脱离生产劳动的教学和教育，或是没有同时进行教学和教育的生产劳动，都不能达到现代技术水平和科学知识现

---

[1] 马克思,恩格斯.马克思恩格斯选集：第1卷[M].中共中央马克思恩格斯列宁斯大林著作编译局,译.北京：人民出版社,1995：119.

[2] 成有信.论教育与生产劳动相结合的实质[J].中国社会科学,1982(1)：5-8.

状所要求的高度。"① 这段论述包含了多层意思，但核心思想是：教育必须同生产劳动相结合。如果学校的教学和教育都脱离了社会生产活动，理论脱离了实际，学生也不参加一定的劳动实践，那么学校培养未来劳动者的任务将如何完成？不仅如此，他还在此基础上提出"使普遍生产劳动同普遍教育相结合"②的思想。中国共产党领导人也继承了马克思主义经典作家"教育与生产劳动相结合"的思想，提出"教育必须为无产阶级政治服务，必须同生产劳动相结合"③、"为了培养社会主义建设需要的合格的人才，我们必须认真研究在新的条件下，如何更好地贯彻教育与生产劳动相结合的方针"④。

五、劳动是实现人的价值的根本途径

人的价值该如何体现？马克思主义给予了回答：劳动是人的本质规定，也是实现人的价值的根本途径。恩格斯在《反杜林论》中指出："劳动是一切价值的创造者。只有劳动才赋予已发现的自然产物以一种经济学意义上的价值。价值本身只不过是物化在某个物品中的、社会必要的人的劳动的表现。"⑤作为价值的唯一源泉或创造者，劳动决定了任何人要使得自己成为真正的人，就必须劳动。劳动的意义、价值不仅在于创造出直接的劳动成果，更是让人通过劳动，创造和发展人自身，实现个体的人生价值。通过劳动，人首先获得自我的肯定，"我的劳动是自由的生命表现，因此是生活的乐趣。……我在劳动中肯定了自己的个人生命，从而也就肯定了我的个性的特点。劳动是我真正的、活动的财产。"⑥马克思也把劳动实践看成是人在对象化的现实中确认自己的本质力量。人的社会价值也在劳动的创造和奉献中获得。一个人如果

---

① 列宁. 列宁全集：第2卷[M]. 中共中央马克思恩格斯列宁斯大林著作编译局，译. 北京：人民出版社，1984：461.
② 列宁. 列宁全集：第2卷[M]. 中共中央马克思恩格斯列宁斯大林著作编译局，译. 北京：人民出版社，1982：413.
③ 周红. 邓小平人才观对高校思想政治教育创新的价值意蕴[J]. 毛泽东思想研究. 2012（3）：103.
④ 中共中央文献研究室. 邓小平论教育. 3版[M]. 北京：人民教育出版社，2004：69.
⑤ 马克思，恩格斯. 马克思恩格斯选集：第3卷[M]. 中共中央马克思恩格斯列宁斯大林著作编译局，译. 北京：人民出版社，1995：544.
⑥ 马克思，恩格斯. 马克思恩格斯全集：第42卷[M]. 中共中央马克思恩格斯列宁斯大林著作编译局，译. 北京：人民出版社，1979：38.

不劳动，就是没有价值的人，一个人如果不劳动而依靠他人的劳动而生，那他就是寄生虫。

总之，马克思主义非常重视劳动对人类及其个体全面发展的重要价值。开展正确的劳动教育，选择科学的劳动教育教学方法，应当在马克思主义劳动价值观的指导之下来进行。

第 2 节　劳动教育的内涵、特征及其本质

一、劳动教育的内涵

劳动教育有广义、狭义之分。广义的劳动教育泛指一切与劳动知识、技能、素养等相关的教育，包括家庭日常生活中的劳动教育、社会劳动教育与学校劳动教育；狭义的劳动教育是指发生在学生群体的，以学生为主体，学校为载体，传授劳动相关知识与技能的教育活动。本书讨论的劳动教育主要指广义的劳动教育。试图在力所能及的范围内对家庭劳动教育、社会劳动教育和学校劳动教育进行系统的阐述，探寻他们在方法论层面上的共同之处，力图实现几种劳动教育的融会贯通，互相促进。

和传统的劳动教育不同，新时代语境下的劳动教育是以提升学生劳动素养方式促进学生全面发展的教育活动。具体来说，劳动教育是国民教育体系的重要内容，是学生成长的必要途径，是在系统的文化知识学习之外，有目的、有计划地组织学生参加日常生活劳动、生产劳动和服务性劳动，让学生动手实践、出力流汗，接受锻炼、磨炼意志，以促进学生形成劳动创造人、劳动创造价值、劳动创造财富、劳动创造美好生活、劳动最光荣、劳动最崇高、劳动最伟大、劳动最美丽等正确劳动价值观以及诚实守信、吃苦耐劳、勤俭节约等良好劳动品质的教育活动。在劳动价值观方面，劳动教育要让学生：第一，确立正确的劳动观点、积极的劳动态度，拒绝"好逸恶劳""不劳而获""急功近利"、渴望"一夜暴富"等错误的价值观；第二，形成尊重、热爱劳动过程、劳动成果以及劳动人民的价值态度；第三，培养学生良好的

劳动习惯和品质。

在养成良好的劳动素养方面，劳动教育则要特别强调：第一，促进学生具备一定劳动知识与技能，成为全面发展的人；第二，发展学习者创造性劳动的潜质，成为新时代所需要的创造性劳动者；第三，形成良好的劳动习惯，成为一个"滴自己的汗，吃自己的饭"（陶行知先生语）、有尊严、有教养的现代人。[①]

二、劳动教育的特征

劳动教育是以劳动为载体而开展的一种教育形式。作为教育体系的一部分，它除具有普通教育的一般属性（如具有树德、增智、强体、育美等教育功能），又有自身的独特性。总体而言，劳动教育主要具有实践性、导向性、社会性、综合性、终极性等特征。

（一）实践性

劳动的实践性决定了劳动教育的实践性特征。"劳动教育首要的不是关于劳动的说教，而是要让学生在劳动实践中进行锻炼和接受教育。要吸引和组织他们参加各种力所能及的劳动活动，并要在这些劳动活动中相机对他们进行教育。"[②] 劳动教育是为了劳动、在劳动中、通过劳动而进行的教育，通过让学生亲身参与劳动，全通道式感官系统（视觉、听觉、触觉、味觉和嗅觉等）参与实践，经由直接、具体的劳动体验来促进观察与反思，增进对劳动的关注，提高劳动知识和劳动技能，培育劳动素养，在认知发展的同时，在体验劳动乐趣的同时使其情感、信念、态度、价值观等得到发展。此外，劳动教育必须面向真实的生活世界和职业世界，引导学生以动手实践为主要方式，在认识世界的基础上，获得有积极意义的价值体验。正如中共中央 国务院《关于全面加强新时代大中小学劳动教育的意见》中所强调的"注重身心参与，注重手脑并用"。

（二）导向性

社会上不劳而获、崇尚暴富、贪图享乐、急功近利等思想的蔓延，源于

---

① 檀传宝.劳动教育论要：现实畸变与起点回归［M］.北京：北京师范大学出版社，2020：50.
② 成有信.教育学原理［M］.郑州：大象出版社，1993：398.

对劳动价值观的无视、轻视以及误读，是劳动意识整体失落的集中体现。新时期的劳动教育就是一种价值召唤，是在党的领导下，围绕培养担当民族大任的时代新人，引导学生树立劳动是一切财富的源泉，劳动者是国家的主人，一切劳动和劳动者都应该得到鼓励和尊重，通过诚实劳动创造美好生活，实现人生梦想等正确的劳动观，崇尚劳动、尊重劳动，热爱劳动，珍惜劳动成果，促进学生全面发展，健康成长，进而报效国家，奉献社会。价值体认是劳动教育的重要目标。劳动教育必须将马克思主义劳动观贯穿始终，这是鲜明的价值导向。

（三）社会性

从横向上来看，劳动教育具有鲜明的社会性，其教育实践的展开离不开家庭的奠基、学校的主导和社会的支持。中共中央 国务院《关于全面加强新时代大中小学劳动教育的意见》中明确规定：家庭要发挥在劳动教育中的基础作用；学校要发挥在劳动教育中的主导作用；社会要发挥在劳动教育中的支持作用。总之，家庭劳动教育要日常化，学校劳动教育要规范化，社会劳动教育要多样化，强化综合实施，形成协同育人格局。除此，劳动教育的社会性还体现在社会形态等因素始终制约着劳动教育地位的变迁，比如在"劳心者治人，劳力者治于人"的社会形态下，劳动教育是被排斥在正规教育之外的，而新中国成立之后，党和国家则高度重视劳动教育。社会性特征还体现在劳动教育直接决定的是社会主义建设者和接班人的精神面貌、劳动价值取向和劳动技能水平。

（四）综合性

这一特征主要是从教育功能角度而言的。相对于德育、智育、体育、美育，劳动教育具有整合其他"四育"功能的综合性，即树德、增智、强体、育美。德育的功能主要是帮助学生树立正确的"三观"；智育的功能主要是解决对自己和外部世界的认知和思维（智力）问题，动手和行动能力主要解决行为或实践的问题；体育的功能主要是培养学生经常运动的习惯和健康生活方式，增强学生的体质；美育的功能主要是通过丰富和提升学生对美的感受力和想象力，帮助学生寻找人生幸福的内在动力，这一动力以其对美好事物的直觉普遍性、当下真实性、终身伴随性、来源内生性、个人自主性、精神丰富性等特征，与德育提供的社会动力（理想、信念、使命、责任、担当等）构成人生动力的内外互补。劳动教育功能的有效发挥则是其他"四育"功能的综合发挥的体现。一个社会主义合格的劳动者，除要有正确的"三观"，树立正确的劳动观念，还要掌握一定的劳动知识，具有必要的劳动能力，拥有一定的体力、精力、耐力，要有对美的感受力、想象力和创造力。除功能角度，综合性特征还体现在劳动教育既包括理论教育，又包含实践教育；是劳育课程与课程劳育的综合。

（五）终极性

德、智、体、美、劳"五育"中的各育都有与其他"四育"交叉重合、互动互促、协同育人的功能，但劳动教育却有其整体性、终极性的育人和成效评价的独特功能。德育对其他各育的协同功能主要在于通过明确人生目的、责任等解决学生"想不想""愿不愿"终身学习与全面发展的认知、态度或动力、动机问题，智育是为其他各育的学习和发展提供必要的认知（智力）和能力，体育为其他各育的学习和发展提供更好更强更持久的体力、精力、耐力和内在协调力，美育为其他各育的学习和发展提供情感上的"爱不爱""喜欢不喜欢"的内生动力，而劳动教育则以其生产性、应用性、价值性的特质具有对德、智、体、美育成果运用的实践性和育人成效的检验性。教育的目的是培养社会主义建设者和接班人，劳动就是人才使用的实践和过程。这样，劳动教育就具有了培养人才和使用人才、教育过程与教育评价的双重属性或功能。劳动教育不仅是与德、智、体、美相并列的"五育"之一，更是"五育"活动之总、价值之汇、成效之终。这一独特性的具体展开就是：在很大程度上，劳动态度是对德育成果的运用和其成效的检验，劳动智能（能力和智慧）和创造力是对智育成果的运用和其成效的检验，劳动体能是对体育成果的运用和其成效的检验，劳动和劳动成果的自我欣赏能力及其产生的美感是对美育成果的运用和其成效的检验。除此之外，劳动教育还是对超越学校教育之外的学生家庭教育、社会（观察）学习和自我教育成果（包括默会知识）的运用和其成效的检验。概言之，劳动教育的功能既具有弥补学校其他四育之短的具体功能（具身认知、价值感、意义感等），又具有生产性、整体性和终极性的综合运用和成效检验与评价功能；既具有对学校教育成果的运用和成效检验、评价功能，又具有对学校教育之外的家庭、社会、网络文化教育或影响结果的运用和成效检验、评价功能；既具有对一切外在教育（学校、家庭、社会等）成果的运用和成效检验、评价功能，又具有对自我学习、修养、修炼成果的运用和成效检验、评价功能。

三、劳动教育的本质

所谓本质是指对象或事物本身所必然固有的性质。劳动教育是中国特色社会主义教育事业的重要组成部分，也是保证社会主义教育性质的重要基石。明确其本质是有效开展劳动教育的重要方面。劳动教育的本质不是劳动知识、技能层面的教育，而是劳动价值观教育。

21世纪以来党和国家对于劳动教育有一系列的决策和重要论断出台，其内容与经典马克思主义关于劳动价值观、劳动教育观是一脉相承的。具体来说，1999年6月，《中共中央 国务院关于深化教育改革 全面推进素质教育的决定》明确提出："学校教育不仅要抓智育，更要重视德育，还要加强体育、美育、劳动技术教育和社会实践，使诸方面教育相互渗透、协调发展，促进学生的全面和健康成长。"2012年党的十八大报告就号召全社会要认真贯彻和落实"尊重劳动、尊重知识、尊重人才、尊重创造"，其中"尊重劳动"被放置首位，可见党和国家对于劳动的重视。2015年五一劳动节前夕，习近平总书记在庆祝"五一"国际劳动节暨表彰全国劳动模范和先进工作者大会的重要讲话中再次强调，"无论时代条件如何变化，我们始终都要崇尚劳动、尊重劳动者，始终重视发挥工人阶级和广大劳动群众的主力军作用"，以及"要教育孩子们从小热爱劳动、热爱创造，通过劳动和创造播种希望、收获果实，也通过劳动和创造磨炼意志、提高自己"。[①] 紧接着，教育部、共青团中央、全国少工委于2015年7月20日发布《关于加强中小学劳动教育的意见》，在

---

① 习近平. 在庆祝"五一"国际劳动节暨表彰全国劳动模范和先进工作者大会上的讲话：第一版[N]. 人民日报，2015-04-29.

表述"明确劳动教育的主要目标"时,开宗明义地表示:"通过劳动教育,提高广大中小学生的劳动素养,促进他们形成良好的劳动习惯和积极的劳动态度,使他们明白'生活靠劳动创造,人生也靠劳动创造'的道理,培养他们勤奋学习、自觉劳动、勇于创造的精神,为他们终身发展和人生幸福奠定基础。"① 提高学生劳动素养,培养良好的劳动习惯和积极的劳动态度,以及让学生明确劳动与生活、与人生的关联,这些劳动教育目标基本指向了对学生进行劳动价值观的教育。2018 年 9 月 10 日,习近平总书记在全国教育大会上号召:培养德智体美劳全面发展的社会主义建设者和接班人,要在学生中弘扬劳动精神,教育引导学生崇尚劳动、尊重劳动,懂得劳动最光荣、劳动最崇高、劳动最伟大、劳动最美丽的道理,长大后能够辛勤劳动、诚实劳动、创造性劳动。重新全面提出了教育方针,加上了劳动教育这一项。2020 年 3 月 26 日,中共中央 国务院发布《关于全面加强新时代大中小学劳动教育的意见》。这是学校在新时代如何开展劳动教育的一个重要指导性文件。文件明确指出:"通过劳动教育,使学生能够理解和形成马克思主义劳动观,牢固树立劳动最光荣、劳动最崇高、劳动最伟大、劳动最美丽的观念;体会劳动创造美好生活,体认劳动不分贵贱,热爱劳动,尊重普通劳动者,培养勤俭、奋斗、创新、奉献的劳动精神;具备满足生存发展需要的基本劳动能力,形成良好劳动习惯。"② 至此,通过劳动教育,对学生开展劳动价值观教育的内涵已经明确。2020 年 7 月 7 日,教育部印发了《大中小学劳动教育指导纲要(试行)》,对劳动教育提出了更加细化的要求和具体落实方案,针对劳动教育的总体目标,表达为四个方面:树立正确的劳动观念、具有必备的劳动能力、培育积极的劳动精神、养成良好的劳动习惯和品质。培养必备的劳动能力,养成良好的劳动习惯和品质,都需要在正确的劳动价值观指导之下。当前青少年身上出现的不爱劳动、厌恶劳动、崇拜网红、懒散、拖沓、懈怠、贪图享乐、意志薄弱等问题,以及劳动教育在学校、家庭、社会中被弱化、软化、淡化的现象,关键在于对劳动教育的价值缺乏正确的认识。

---

① 教育部,共青团中央,全国少工委.关于加强中小学劳动教育的意见[J].中国德育,2015(16):6-8.

② 新华社.中共中央 国务院关于全面加强新时代大中小学劳动教育的意见[EB/OL].2020-03-26[2022-03-23].http://www.gov.cn/zhengce/2020-03/26/content_5495977.htm.

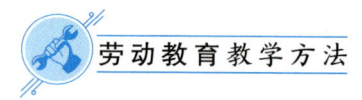

劳动教育教学方法

第3节　劳动教育教学方法的类型

所谓劳动教育教学方法，就是在劳动教育过程中，教育者对受教育者所采用的方式和手段。方法是为目的服务的，是实现一定目的的桥梁。为实现劳动教育的目标，提升劳动教育的实效性，就需要多种多样的劳动教育教学方法。各种不同的方法既有共性，又有个性，满足一定的条件下，相互之间是可以转化的。在劳动教育的实施过程中，教育者往往会运用不同的方法以达成综合的教育效果。

多元、复杂的各种方法，按照不同的分类标准，就有不同的劳动教育教学方法类型。比如从纵向历史发展的角度，有古代劳动教育教学方法、近代劳动教育教学方法、现当代劳动教育教学方法；从国家性质的角度，可以分为国外劳动教育教学方法和以中国为代表的社会主义国家劳动教育教学方法；按照不同理论层次对劳动教育教学方法的划分，可以分为劳动教育原则方法、劳动教育具体方法以及劳动教育操作方法；按照不同学段，可以分为小学阶段劳动教育教学方法、初中阶段劳动教育教学方法、普通高中劳动教育教学方法、职业院校阶段劳动教育教学方法、普通高等院校阶段劳动教育教学方法；按照劳动教育运行的过程，大体上又可把劳动教育的方法分为劳动教育的认识方法、劳动教育的操作方法以及劳动教育的评估方法。本书主要从运行过程和学段角度探讨劳动教育的方法，从劳动观念认知到劳动体验及实践操作，从简单劳动到复杂劳动，从劳动史探究到劳动新形态及未来发展，系统梳理了劳动教育教育教学的发展脉络。

一、劳动教育的认识方法

劳动教育认识方法是指劳动教育主体认识和把握劳动教育对象、教育环境的方法，主要开展方式有理论讲授法、理论学习法、宣传动员法。

（一）理论讲授法

理论讲授法属于理论教育法中的具体形式之一。它是指劳动教育过程中，劳动教育主体以语言为载体向劳动教育对象讲解、传授马克思主义劳动价值观为核心内容的教育教学方法。"理论只要说服人,就能掌握群众;而理论只要彻底,就能说服人。"[①]劳动教育过程中,运用理论讲授法,既可以对劳动教育对象正面传授马克思主义劳动价值观的科学内容,还可以针对劳动教育对象存在的"人工智能时代我们还需要开展劳动教育吗?""劳动教育的价值到底在哪里?"等思想困惑问题进行及时而深入的回应。

(二)理论学习法

理论学习法,这是从学的角度谈如何开展劳动教育,也属于理论教育法中的具体形式之一。它是指通过阅读承载劳动教育理论内容的材料掌握马克思主义劳动理论的教育教学方法。比如劳动教育者可以引导劳动教育对象通过阅读书籍、报刊等方式自主学习马克思主义关于劳动的经典著作、党和国家关于劳动教育的有关文件、中国共产党领导人关于劳动以及劳动教育的重要论述等,通过理论学习懂得马克思主义关于劳动以及劳动教育的立场、观点和方法,了解国家关于劳动教育的方针政策。

(三)宣传动员法

宣传动员法主要是指利用线上、线下等平台终端、管理手段,向劳动教育对象宣传马克思主义劳动观以及劳动教育思想的方法。宣传动员的内容既可以是马克思主义劳动观和劳动教育思想,党和国家发布的有关劳动教育的政策文件,还可以是劳动模范的宣传报道。当下,要充分发挥全媒体的优势,做好劳动教育的宣传动员工作,以便让劳动教育对象在潜移默化中形成马克思主义劳动观。

二、劳动教育的操作方法

劳动教育的操作方法是指劳动教育具体方法的实际运用,是具体方法在不同条件、范围下的特殊方式,重点体现程序性和应用性。在本书中,列举了许多不同条件下的劳动教育操作方式,如劳动教育现场参观访问法、情景

[①] 马克思,恩格斯.马克思恩格斯文集:第1卷[M].中共中央马克思恩格斯列宁斯大林著作编译局,译.北京:人民出版社,2012:9-10.

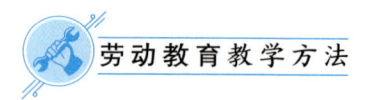

角色体验法、劳动教育探究法、项目完成法、专项劳动教育教学方法以及不同学段、不同劳动教育内容的劳动教育教学方法。

（一）劳动教育现场参观访问法

劳动教育现场参观访问法是开展劳动教育常用的操作方法，包括劳动教育参观体验和现场访问两个层面。主要指劳动教育主体根据参观访问的目标，按照参观访问的方案，通过有目的、有计划地引导劳动教育对象对劳动知识、劳动技能、劳动行为、劳动教育行为、劳动精神等层面进行观察、访问，进而获取相关信息的方法。

（二）情景角色体验法

情景角色体验法指在劳动教育教学过程中，通过劳动教育主体有目的地引入或者创设一定情绪色彩的具体的劳动场景、情境，使得劳动教育对象在身临其境中开展具身体验，激发劳动认同，深化劳动感悟的方法。

（三）劳动教育探究法

劳动教育探究法是指为达成一定的劳动教育的目标，劳动教育主体充分发挥学生的主观能动性，引导受教育对象主动参与发现问题、分析问题、解决问题的过程，最终提升受教育者劳动素养的教学活动。此种劳动教育教学方法可以提高受教育者的劳动兴趣，有利于其最大限度参与劳动和劳动教育活动。除此，在探究过程中，受教育者要运用原有的知识、技能到新的情境中去，以解决新的实际问题。这个过程不仅是劳动知识、技能运用的过程，还是劳动创新、自我价值感体现的过程。

劳动教育的操作方法还包括项目完成法、创造性劳动教育教学方法、专项劳动教育教学方法等。需要说明的是，每一种方法既可以独立实施，也可以与其他方法整合使用，使之成为具有最大教育合力与最佳教育效果的教育教学方法。

三、劳动教育的评估方法

劳动教育的评估方法是劳动教育主体调节、检查、评价劳动教育认识和实践活动效果的方法，主要是劳动教育的检测、评估方法。它对于检验劳动教育活动的现实效果、揭示劳动教育开展中存在的问题、明确劳动教育未来发展趋势具有重要的价值。

2020年3月20日中共中央 国务院《关于全面加强新时代大中小学劳动教育的意见》中对劳动教育评价做了顶层设计，明确提出要"健全劳动素养评价制度"，"开展劳动教育质量监测，强化反馈和指导"。新时代劳动教育理论和实践，也亟须解决劳动教育评估问题。评估方法除可以分为过程评估和结果评估、量化评估和质性评估、群体评估与个体评估、分析评估与总结评估、自我评估和他人评估等基本类型外，还要考虑劳动教育评估方法的可操作性、可预期性、可检测性和可显示性等要求。

因为不同的劳动教育教学方法需要不同的评估方式和方法，故本书的劳动教育教学评估方法在相应章节会有具体相应的评估方法设计，此处不再一一赘述。

（一）可操作性

可操作是指劳动教育评估程序和方法在内容上易把握，形式上易践行。首先，只有可操作，才能在一定程度上破解因劳动教育评估难而带来的劳动教育实践难题。劳动教育到底怎么开展，朝何方向开展，评价标准、方法等是关键。其次，劳动教育评估程序和方法具有可操作性，能避免因劳动教育教师水平参差不齐导致的教育效果不一。如果劳动教育评估程序和方法过于复杂，就可能让这些非专业的兼职教师不知如何操作，从而导致工作不力。最后，具有可操作性，也有助于引导劳动教育对象理解劳动教育实践。如果作为劳动教育评估程序、方法过于复杂难以操作的话，也会影响受教育者对劳动教育的态度。

（二）可预期性

可预期是指对劳动教育评估程序和方法执行后的未来劳动教育效果的预先期待。首先，劳动教育评估程序和方法具有可预期性，可以调动专兼职劳动教育教师开展劳动教育的积极性，从而进一步推动劳动教育的落地生根。劳动是每个人都实施的日常的基本实践活动，但劳动教育对很多兼职教师来说一开始是陌生的。如果一项陌生的教育事业从评估上就让教师对教育效果

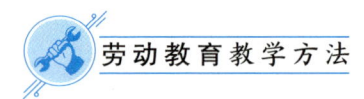

有所期待，无疑会激发教师的教育动力。其次，可预期性还可以让受教育对象对开展劳动教育充满期待，这种期待会影响其对劳动的积极态度，促使其更愿意参与劳动，从而推动劳动教育实践的发展。

（三）可检测性

可检测是指劳动教育评估要有具体的检测指标、详细的检测程序和明确的检测方法。总之劳动教育效果要能被评估出来。比如受教育对象通过劳动教育会有什么获得感，这种获得感要能被检测出来。

（四）可显示性

可显示是指劳动教育评估效果要有一定的显示度。劳动教育成效不能是看不见摸不着的，需要有外在的客观行为和结果的呈现。如果劳动教育的成效能被客观地显示，就有利于统摄并归置相关劳动教育评估方面的研究成果，形成一定的劳动教育评价共识。这无论对于新时代劳动教育的理论研究还是实践工作都是有益的。

总之，新时代劳动教育的开展，必须重视对劳动教育教学方法的研究。劳动教育教学方法，关系到劳动教育目标的实现、劳动教育任务的完成和劳动教育效果的好坏，因此它在劳动教育理论体系和实践体系中具有十分重要的地位。

思考与练习

1. 如何理解劳动创造了世界？
2. 为何说劳动是实现人的全面发展的重要途径？
3. 谈谈你对"劳动教育的本质就是对学生进行劳动价值观教育"这个观点的理解。

参考答案

第 2 章
劳动教育教学方法的理论基础

本章导读

本章介绍劳动教育教学方法的理论基础，阐释相关概念与内涵。根据新时代劳动教育的特点和实施模式，重点对生活教育理论、体验教育理论、新时代劳动教育指导思想展开学习研究，探寻对劳动教育的指导意义和实践应用的融合点。

▎**学习要求** ▎

　　了解劳动教育教学方法的理论起源、概念及主要内容；掌握生活教育理论、体验教育理论、新时代劳动教育指导思想的特征与内涵及理论指导实践应用的路径。

▎**思维导图** ▎

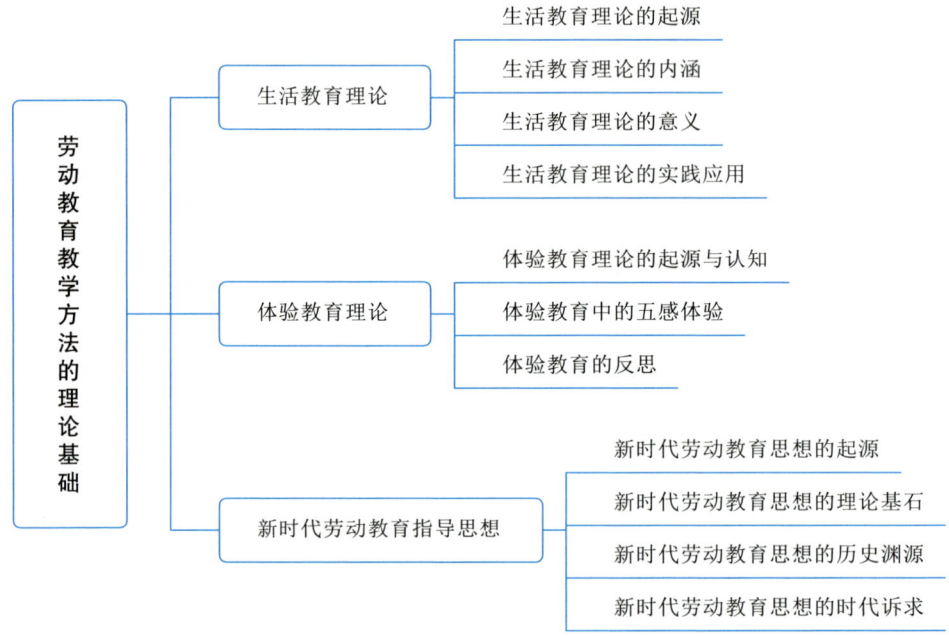

第1节 生活教育理论

一、生活教育理论的起源

生活教育理论是陶行知先生于20世纪二三十年代提出的。他以当时中国的教育实情为出发点，对美国教育学家杜威的实用主义教育理论进行吸收与改造，逐步形成中国本土化的生活教育理论。陶行知曾在《活的教育》中明确指出"生活教育"为："Education of life, Education by life, Education for life"，意为"生活之教育""凭借生活的教育""为生活的教育"。[①]

二、生活教育理论的内涵

生活教育理论内涵极其丰富，主要概括为三大思想：一是"生活即教育"，二是"社会即学校"，三是"教学做合一"。以下对"生活即教育""社会即学校""教学做合一"的含义进行阐释。

（一）"生活即教育"是陶行知生活教育理论的中心思想

"生活即教育"是陶行知受杜威提出的"教育即生活"思想影响下进行的改造，表面看虽是字序的变换，但却存在原则上的区别。杜威的"教育即生活"思想主张在学的范围内引入儿童生活经验，好比将生活关进了教育的笼子，与实实在在的生活切分开了。而陶行知的"生活即教育"思想主张是把学生从学校这个"鸟笼"释放出来，从实实在在的生活中获得教育。

（二）"社会即学校"是"生活即教育"思想的一种具体指导

"社会即学校"是对杜威"学校即社会"的改造，"社会即学校"体现出

---

① 中国陶行知研究会.陶行知文集：第2卷［M］.成都：四川教育出版社，1991：411.

陶行知摒弃了杜威狭隘的学校观，将传统意义上的学校的范围扩大化，将学校的教育理念、教育资源、教育环境、教育方法等丰富化。在陶行知的观点中，"社会"是指人民群众通过从事一定生活实践产生相互影响、共同提高的生活场所。而通常意义上的正规办学机构的"学校"，陶行知将其界定为人民群众的生活场所。"学校即社会"有两层含义：一是社会含有教育的功能，教育不再仅限于学校这种固定场所存在，社会也可以是教育的阵地，教育内容可以来源于自然万物，而不仅仅是书本。二是学校含有社会的意味，学校培养的人才终究要回归到社会，服务于社会，那么以此通过学校的力量也在帮助社会进步，促进社会的快速发展。因此，"社会即学校"就是将整个社会环境当作教育的场所，社会也是具有学校教育功能的，"学校"与"社会"中间没有围墙，要发动社会力量，根据社会需要来创办学校教育。①

（三）"教学做合一"是生活教育理论中的一种创造性教学方法论

"教学做合一"是针对传统课堂脱离实践活动、重教过度、忽视学生的主体地位提出的，是对"生活即教育""社会即学校"思想的贯彻实施，"教学做合一"是陶行知受杜威"做中学"的启发，结合中国的教育实情提出的。

三、生活教育理论的意义

（一）生活教育理论关于劳动教育的内涵

根据陶行知的论述，生活教育理论的特征通常被归纳六大点，分别是大众性、生活性、发展性、实践性、历史联系性、世界性。②

陶行知提出"生活即教育"的观点，就是希望教育者要基于儿童的具体生活来开展儿童教育。激发孩子的劳动潜能，还应当认真改变家长的教育观念。陶行知曾把生活教育的基本形态高度概括为："农夫的手，科学的头脑，改造社会的精神。"他把对学校师生的劳动教育分为七大类别，包括：改造社

---

① 范会敏.陶行知思想对教师终身学习的启示［J］.科教文汇，2014（9）：99-102.
② 江波.陶行知生活教育思想在中职学校德育中的意义和实践［D］.济南：山东师范大学马克思主义学院，2006.

会、教育儿童、干农事劳动、科学的常识常能、医药卫生、艺术、学校杂务。[①]教育绝不能脱离生活，陶行知从生活教育理论出发来审视劳动教育，以睿智的眼光强调劳动对人多方面的发展价值，他认为劳动对人的发展价值既有智能的，又有体力的；既有道德的，又有审美的。

目前我国中小学劳动教育现状不容乐观，有的学校劳动教育长期缺位已成为不争的事实。中小学普遍缺乏劳动机会，学生劳动意识淡薄，学生中出现"肩不能挑，手不能提"，轻视劳动，不喜劳动、不会劳动，不珍惜劳动成果的现象；家长忽视劳动观念的养成、劳动习惯的培养。学校把劳动教育当"小科"，劳动教育无计划、无考核；劳动技术课形同虚设，有的基本不开，有的经常被挤占，无劳动教育师资、无场地，少经费；有的甚至把劳动教育异化，把劳动当作一种惩罚学生的手段，把劳动教育与劳动改造等同起来。在家里，孩子衣来伸手饭来张口现象普遍，日常生活中是家人围着转的"小明星"。要改变这种现象，首先要认识"生活即教育"的内涵和对劳动教育的指导意义。一是通过劳动，获得事物之"真知"；二是通过劳动，了解劳动者之甘苦，培养热爱劳动和劳动人民的情感，养成爱劳动的习惯，爱惜劳动成果；三是通过劳动，学会一定的劳动技能，"增进自立之能力"。

（二）生活教育理论对劳动教育的指导意义

习近平总书记对我国教育方针全面而又深刻的阐述，丰富了教育方针的内涵，将劳动教育与德智体美并举，这不仅是对劳动教育作用的正确认识，也是对德智体美教育的有力促进。习近平总书记说"生活靠劳动创造，人生也靠劳动创造"。今天重温陶行知的劳动价值观，就是要进一步厘清德智体美劳五育之间的关系，要坚持"以劳促全"，以劳树德、以劳增智、以劳强体、以劳育美。新时代加强中小学劳动教育，对学生的成长和国家的发展意义深远，要深刻领会劳动教育的价值。陶行知对劳动教育的目的做了深刻的阐述，对我们亦有启示意义。劳动是改造物质世界的根本动力，劳动是一切

---

① 左亚.用陶行知生活教育理论引领学校劳动教育的实践与探索[J].中国教育学刊，2020(7).

社会财富的源泉,劳动是促进人全面发展的途径,劳动教育应该成为一种价值召唤,德育与劳动教育结合有利于学生德行的养成、奋斗精神的培养,有利于端正生活态度、增强社会责任感;智育与劳动教育结合有利于转识成智,学用结合,提高劳动的技术含量,培养创造性劳动能力;体育与劳动教育相结合有助于磨炼学生意志,培养合作精神,有利于增强体质,增进健康;美育与劳动教育相结合有助于学生培养创造美的能力,让学生懂得劳动是人类生活的第一需要、劳动最光荣、劳动者最伟大、劳动成果最珍贵。①

四、生活教育理论的实践应用

合川区生活教育的整体实践应用

2020年12月12日,重庆市合川区凉亭子小学教育集团、巴蜀小学、草街小学、育才学校、大庙小学获批中国陶行知研究会实验学校。陶行知生活教育理论在合川教育工作中做出巨大贡献,合川在教育领域取得卓越成就,受到了中央电视台、新华网、人民网、中国教育报、中新网、中国文明网、香港凤凰卫视、大公报、重庆日报、重庆电视台、《生活教育》《中小学管理》杂志等多家主流媒体和杂志社的报道。②合川区"新二十三常能"框架见表2-1。

表2-1 合川区"新二十三常能"框架

序号	常能名称	内容指向
1	会家务	烧饭菜、做清洁、使用家电
2	会阅读	中外名著、报纸杂志、新媒体等
3	会书记	三笔字、简笔画、记录等
4	会运动	棋类、球类、田径、体操、游泳等

---

① 林永希.陶行知劳动教育观及其对新时代中小学劳动教育的启示[J].教育史研究,2020(3):156-157.

② 汪旭,何海洋.农村留守儿童培养照顾模式与陶行知生活教育思想结合的实践研究[J].生活教育,2021(03):52-57.

第 2 章　劳动教育教学方法的理论基础

续表

序号	常能名称	内容指向
5	会种养	种植、饲养等
6	会自救	急救、自我防护、逃生、就医等
7	会礼仪	个人礼仪、家庭礼仪、学校礼仪、公共礼仪等
8	会电脑	电脑基础、图文编辑、资料查阅、简单编程、人工智能基础等
9	会理财	存取款、合理支配、会记账、合法收益等
10	会整理	学习及生活用品的整理、活动场所的布置
11	会表达	演讲、讲故事、主持活动、发言、写应用文、写调查报告等
12	会交往	沟通交流、待人接物等
13	能自律	遵规守纪、自尊自爱、自强自觉等
14	能计划	生涯规划、学习计划、生活计划、活动策划等
15	能服务	社区服务、学校服务、家庭服务等
16	能旅行	制订旅行计划、体验旅行过程、总结旅行经验等
17	能信息处理	收集、整理、应用等
18	能当小先生	自觉觉人、即知即传等
19	善制作	生活制作、科技制作等
20	善展演	美术、音乐、舞蹈、舞台剧等
21	善合作	交流、互助、协作等
22	善反思	会发现、理性思维、批判性思维、创新性思维等
23	善探究	发现并提出问题；提出假设，选择方法，研制工具；获取证据；提出解释或观念；交流、评价探究成果；反思和改进

运用陶行知生活教育理论开展学校社会工作，其最主要的目的是将孩子们从单纯的课本中解放出来，多走进自然、社会，才能实现个性而全面的发展。

重庆某小学，结合实际情况，基于"新二十三常能"提升学生核心素养的思考，通过活动与生活实践相结合，从一问（提出问题）、二思（思考问题）、三询（咨询问题）、四做（实际操作）、五拓（拓展互动）、六评（总结评价）的六个路径来设计具体服务方案。具体介入路径的设计思维可以概括为：问、思、询、做、拓、评。这套设计思维源于对学生日常生活的观察，依托了陶行知五步科学法：觉得问题、什么是问题、设法解决问题、选择方法和印证[①]。

 案例 2-1

以上面提及的重庆某小学"会整理"能力提升小组活动为例，其目的在于提高学习及生活用品整理、活动场所的布置。根据日常观察，很多学生的自管意识不强，比如上数学课，让学生拿出上次考试的试卷，有的学生就要翻半天，还找不到，什么东西都在书包里，乱七八糟地，针对这一问题，便开展了"书包的故事"系列活动。

具体应用计划如下：一问：谁是整理小先生，通过以收纳整理为主题的"盲人取书"趣味对抗游戏，让学生发现问题、提出问题；二思：通过小记者采访的形式，引导学生思考问题，比如，为什么其他小朋友能获胜，原因是什么？为什么我不是（是）整理小先生等；三询：通过邀请"盲人取书"游戏获胜者，给大家展示整理书包的方法，然后大家咨询、总结，整理出集体的智慧；四做：每个同学根据归纳总结的办法，寻找适合自己的方法，进行书包整理；五拓：引导学生发现整理的好处以及自己生活中哪些可以通过上述的方法来进行整理（课桌、衣柜、家等），鼓励学生继续行动，定期表扬，培养孩子好习惯。"书包的故事"落脚点是让他学会整理的方法和养成整理的习惯，从而鼓励他整理自己的房间、家庭和学校的教室。这是一个品质的提升，选择一个突破点作为载体，提升孩子在这一方面的思考，或在这一方面的创新和创造力。

学校研究并践行陶行知生活教育理论，从本土出发，根据实际情况，在类型、内涵、内容上丰富和发展陶行知"育才学校二十三常能"，践行"新二十三常能"。通过个案辅导、小组工作、班级活动、学校活动等形式，提升学生的品德修养、学习文化、艺术审美、运动自救、担当、合作交往、劳

---

① 陶行知. 陶行知文集（上）[M]. 南京：江苏教育出版社，2008：99-102.

动技术等二十三常能的核心素养。

人的发展绕不开生活力，工作力和生活力是相辅相成的，生活力是工作力的前提，好的生活能力会造就一个人好的学习能力、工作能力。而一个人的生活能力是他工作能力的一个前提。中小学阶段的教育是未来教育发展之基，在一个人的成长中起着重要作用，能影响一生。为党育人、为国育才、立德树人、报国利民是现代教育的使命，做好中小学的劳动教育课程是学校和教师应该着重关注与实施的工作。

第2节 体验教育理论

一、体验教育理论的起源与认知

体验教育的理论起源可以追溯到中国古代的春秋战国时期。从孔子开始就主张学习要实践体验。他主张"愤启悱发"，强调"不愤不启"，意为只有在学生经过冥思苦想而又想不通时，才去启发他；"不悱不发"，教师不能在学生没有经过思考并有所体会，想说却说不出来时，就去开导他。另有"学以致用""吾听吾忘，吾见吾记，吾做吾悟""身体力行"等教育思想都在强调实践体验的重要性。孔子不仅有体验教育的思想，还有体验教育的实践。他是一边传授知识学问，一边周游列国增长见识、检验学问的。孟子作为儒家弟子，也有丰富的体验教育思想，如力倡以主体的体验来获得认知，在学习中有所发现、有所创新；又如强调道德修养要"反求诸己"，重自觉，讲求内省的体验等。总之，孔子和孟子不主张认识主体向客体追求的过程。人对社会、对人、对自然的认识，就是一个体验的过程。而且，他们的论述往往是从身边的现实生活现象中找例子，一事一议，来谈对社会生活的感悟，对社会生活的体验。①

中国的观念文化有两大主体，一为儒家文化，另一为道家文化。儒家文

---

① 刘惊铎.道德体验论［M］.北京：人民教育出版社，2007：29.

化重视体验教育，道家文化也是如此，蕴含着丰富的体验教育思想。道家从自然，儒家从生活，从不同的视角、不同的生活阅历出发，感悟出了世界和人类的不同的存在样态。但是，他们的思路、思维方式，都基本上是通过"体验"而领悟和演化出来的。①

中国古代体验教育思想对近现代诸多教育家产生了积极的影响。其中，以教育家陶行知为代表。他以教育作为救国救民的主要路径，把西方先进的教育思想与中国实际相结合，在教育领域进行了一系列的探索，取得了很大的成就。其中生活教育理论、平民教育理论以及实践教育理论，大大地推动了中国近代教育的进步。而蕴含在其中的体验教育思想也是非常丰富的。陶行知认为传统教育的一大弊端就是将"教"与"学"分开了，教师往往只管前者，至于学生学得怎么样，学到什么程度，教师是不关心的；对学生而言，学习最主要的任务就是接受。他认为这是完全的"教授法"，教出来的学生大都会是知识应用型人才，缺乏创造力；德育方面，培养出来的是言语的巨人，行动的矮子，缺乏实效性。针对此，他提出了"教学法"，主张"教学做"三者要合一，"在生活里，对事说是做，对己之长进说是学，对人之影响说是教。教学做只是一种生活之三方面，而不是三个各不相谋的过程。"② 只有三者合一，教育效果才会好。

西方的体验教育理论

虽然近现代教育家已有一定的体验教育思想，但是直到思想解放运动的深入和改革开放政策的实施，西方的体验教育思想才开始进入中国，对国内的哲学、心理学、美学、教育学等领域产生了较大的影响。如国内的哲学受西方体验教育思想的影响，开始有认识转向到实践转向的发展趋势；心理学领域，开始重视创设情境，强调特定心理情境下产生的特殊心理体验；美学领域，体验被广泛运用于艺术创造以及美学美育活动中。

在劳动教育的过程中，我们必须注重并了解体验教育的内容，并尽可能地创设条件增加受教育者的体验感，当然我们创设的体验条件最终也会体现在教育教学效果上。比如，我们要去了解农耕类、非遗制作类的劳动，我们

---

① 刘惊铎.道德体验论[M].北京：人民教育出版社，2007：30.
② 陶行知.陶行知全集：第2卷[M].成都：四川教育出版社，2005：650.

可以去观看，可以去制作某一零部件，也可以独立制作整套工艺，随着我们创设条件的不同，我们的体验感会有所差别，最终的效果也会大相径庭。

二、体验教育中的五感体验

"五感"是体验者拥有的获取外界信息的虚拟天线，通过听、看、触摸、闻来探索外界、积累信息。体验教育中的体验是人亲历并全人参与其中时对参与的感知与觉察。虽然不同的划分对体验有不同的理解，但体验教育中体验本质上是体验者通过全通道式感官系统（视觉、听觉、触觉、味觉和嗅觉等）参与实践，从而对体验客体做出知与行的统一。体验教育首先要调动人的物质性存在的外生感官（五感体验）全身心地参与实践，才能接收外界信息，而后才能更有效地运用人的精神存在的内生感官（情绪、情感、思想等）内化和处理信息，形成体验认知。体验认知包括外生感官接收到信息后直接生成的意识型信息（如是、否、对、错、好、差）；外生感官接收到信息后与人的当下情绪及过往经验发生反应后生成的情绪型信息（如喜、怒、哀、乐、愁、淡）；外生感官接收到信息后与人的当下情感及过往经验发生反应后生成的情感型信息（如爱、恨、情、愁、仁）；外生感官接收到信息后与人的当下思想及过往经验发生反应后生成的思想（价值判断的）型信息（如真、善、美、假、恶、丑）。①这些体验认知再以检验、亲历的形式进行整合，最终生成体验实践的结果。由此可以得知，五感体验是体验教育的关键环节。

三、体验教育的反思

当前体验教育在哲学、美学、心理学，特别是教育界得到了较好的应用，形成了"社会实践""活动参与""创设课堂情景"等多种应用形式，也取得了比较好的教育实效。但与此同时，在应用过程中也暴露出一些问题。主要表现在以下两点：

第一，体验教育形式的无限扩大。在体验教育方式实践应用过程中，我

---

① 薛保红.思想政治教育视域下的大学生体验教育研究［D］.芜湖：安徽师范大学体育学院，2017：26.

们发现其形式存在被无限扩大的现象。教育形式是为教育目标和教育内容服务的，但一些教育者关注的重心不是体验对人的思想、情感、价值观上的教育影响，而只是追求形式的新颖。这就导致了教育过程中体验形式多样，但实际效果不佳的现象。

第二，体验教育范围的无限延伸。体验教育有其特殊的价值，但是不能滥用，除了形式上不能无限扩大，还要注意范围上不能无限扩大。比如内容上的范围，要适时、适度。一方面，要从体验中获得正确的态度、情感、价值观，但体验不是唯一的获得方式，还需要有其他方式的配合。不是所有的教育内容都可以通过体验这种教育方式来完成。因此设计体验教育形式时要注意形式与内容的匹配。另外一方面，还有的教育者把拓展训练也看作是体验教育。其实拓展训练和体验教育关系密切，而且拓展训练本身不是体验教育。很多的时候拓展训练被视作一种以运动为依托，以培训为方式，以提高心理素质为主要目的且兼具体能和实践的体验式活动，而非体验教育。

总之，体验教育作为新型的教育模式，具有诸多其他教育模式不具备的优势。但在应用的过程中，要反思以上问题，要明确它主要是通过教育者教育引导、体验者认知体验、交流分享、自我省悟四个环节，进一步指导体验者实践的教育活动。

自然主义教育理论和建构主义学习理论

第3节　新时代劳动教育指导思想

新时代劳动教育思想是新时代中国特色社会主义思想的重要组成部分。新时代劳动教育思想，明确了劳动教育的核心议题是培育劳动价值观，确定了劳动教育的基本目标是发展劳动素养，指出了劳动教育的时代特色是重视创造性劳动，提出了从宏观到具体的劳动教育方法，形成了系统的劳动教育理论体系。

微课：新时代劳动教育的指导思想

第 2 章 劳动教育教学方法的理论基础

一、新时代劳动教育思想的起源

2018年9月10日,习近平总书记在全国教育大会上指出,要努力构建德智体美劳全面培养的教育体系,形成更高水平的人才培养体系;要在学生中弘扬劳动精神,教育引导学生崇尚劳动、尊重劳动,懂得劳动最光荣、劳动最崇高、劳动最伟大、劳动最美丽的道理,长大后能够辛勤劳动、诚实劳动、创造性劳动。这是中国特色社会主义进入新时代以来党和国家关于劳动教育发出的最高指示,把劳动教育纳入党和国家的教育方针是新时代教育发展的必然逻辑,符合学生成长成才的规律,顺应社会发展对人才素质的内在诉求。

二、新时代劳动教育思想的理论基石

马克思主义的劳动价值观是新时期劳动教育观生成的理论基础。马克思的劳动价值论是马克思主义唯物史观的核心内容和马克思主义政治经济学的重要组成部分,也是科学社会主义的理论基础。马克思关于劳动与人的关系的论述主要蕴含了三方面内容。

首先,劳动是人的本质性规定,劳动创造了人和人类社会。马克思以历史唯物主义的逻辑起点充分论述了劳动与人的关系,提出劳动创造了人本身,人类社会是通过生产劳动而建立起来的人与人之间的联系,历史正是人与人之间的联系在不同历史时期的新的表现形式。马克思指出:"任何人类历史的第一个前提无疑是有生命的个人的存在。因此,第一个需要确认的事实就是这些个人的肉体组织以及由此产生的个人对其他自然的关系。""一当人开始生产自己的生活资料的时候,这一步是由他们的肉体组织所决定的,人本身就开始把自己和动物区别开来。人们生产自己的生活资料,同时间接地生产着自己的物质生活本身。"

其次,劳动是创造财富和价值的唯一源泉。马克思认为,价值是凝结在商品中的无差别的人类劳动,人的劳动分为具体劳动和抽象劳动,具体劳动创造商品的使用价值,抽象劳动创造商品的价值,商品的价值量通常是用包含在人类劳动中的劳动量来衡量,一个商品的价值量越高,说明耗费的人类劳动就越多。劳动是对人自身价值的肯定,"一切劳动,一方面是人类劳动在生理学意义上的耗费,就相同的或抽象的人类劳动这个属性来说,它形成商品的价值。一切劳动,另一方面是人类劳动力在特殊的有一定目的的形式上的耗费,就具体的有用的劳动这个属性来说,它生产使用价值。"

最后,劳动实现人自身的解放和人的自由全面。马克思在肯定劳动是人的本质和劳动创造价值的基础上发展,还提出劳动是实现人的解放的重要手段。马克思指出,在私有制社会中,"劳动是外在于人自身的东西,他在自己的劳动中不是肯定自己,而是否定自己,不是感到幸福,而是感到不幸,不是自由地发挥自己的体力和智力,而是使自己的肉体受折磨、精神遭摧残。"也就是说,当劳动仅仅成为维持生活的手段,劳动不是自由的和有意识的人类活动时,劳动不是解放人而是束缚人的手段。只有当一切形式的阶级对立和剥削被消灭以后,劳动者真正成为社会的主人并且创造尽可能多的财富,劳动成为自由自觉的活动时,劳动才能真正解放人,实现人的自由而全面的发展。马克思主义关于劳动创造是人的本质性规定,劳动创造财富和价值,劳动促进人的解放、实现人的自由全面发展的思想为习近平新时代劳动教育思想的形成提供了理论基础和哲学依据。

三、新时代劳动教育思想的历史渊源

历史上党和国家高度重视教育与生产劳动相结合的优良传统为新时期劳动教育观的生成提供了历史借鉴。新中国成立以来,党和国家高度重视劳动教育,多次把教育与生产劳动相结合的教育方针纳入党和国家各级各类教育规划中,在国家教育大纲、教育文件和学校课程中都有相应体现。早在1958年,"教育必须为无产阶级政治服务,教育必须与生产劳动相结合,培养有社会主义觉悟有文化的劳动者"的教育方针就纳入国家教育工作的文件中。毛泽东根据马克思主义教育与生产劳动相结合的思想,号召知识分子上山下乡应当走与工农生产相结合的道路,应当把改造主观世界与改造客观世界结合起来。改革开放以后,培养德、智、体全面发展的社会主义事业的建设者和接班人,必须坚持走教育与生产劳动相结合,坚持体力劳动与脑力劳动相统一的思想多次出现在党和国家的重要决议和相关法律法规中,体现出党和国家对教育与生产劳动相结合的高度重视。所以，党和国家历史上关于教育与生产劳动相结合的方针政策是习近平劳动观形成的历史源渊。

四、新时代劳动教育思想的时代诉求

我们已经全面步入经济全球化和信息化时代，人们的劳动价值观也随之发生了变化。我国学校和家庭劳动教育的缺位现象不利于我国现代化建设对人才素质的综合要求，也不利于人的素质的全面发展。新时代劳动教育思想的提出是对当前我国劳动教育缺位现状的自我审视与及时纠偏。

实现中华民族伟大复兴对高素质劳动人才的需求是新时代劳动教育思想生成的时代诉求。当前中国特色社会主义进入新时代，实现两个百年奋斗目标，全面建成小康社会和中华民族伟大复兴迫切需要大批既具有一定专业技能和技术水平，又有较强实践能力的高素质劳动人才。新时代高素质的劳动人才既要掌握本专业领域现代科学技术发展的前瞻性知识，又要具备把现代科学技术知识应用在实践中解决现实问题的能力，这在客观上要求把现代科学技术与生产劳动结合起来，实现体力劳动和脑力劳动的密切结合，培养体力和智力全面发展的现代型人才。

思考与练习

1. 结合陶行知的"生活即教育"理念，谈谈劳动教育和"生活即教育"理念的关系与融入路径。

2. 说一说体验教育在应用过程中暴露出的问题。

3. 如何理解五感体验是体验教育的关键环节？

第 3 章
劳动教育教学方法的实践基础

▌ 本章导读 ▌

本章首先介绍传统劳动文化的主要内容，归纳了传统劳动教育的实施路径。然后分析新时代下所形成的以劳动精神、劳模精神、工匠精神为内涵的劳动文化，并归纳新时代国家劳动教育的发展方向。最后对新时代劳动教育的实践路径给出了建议，以期对劳动教育中运用不同的教育教学方法提供实践上的借鉴价值。

学习要求

了解传统劳动文化的主要内容以及传统劳动教育的实施路径;理解并把握国家劳动教育的规律、价值、时代方向的内涵,掌握劳动精神、劳模精神、工匠精神的要旨;掌握新时代劳动教育的实践路径,对劳动教育的实施有全方位多角度的了解。

思维导图

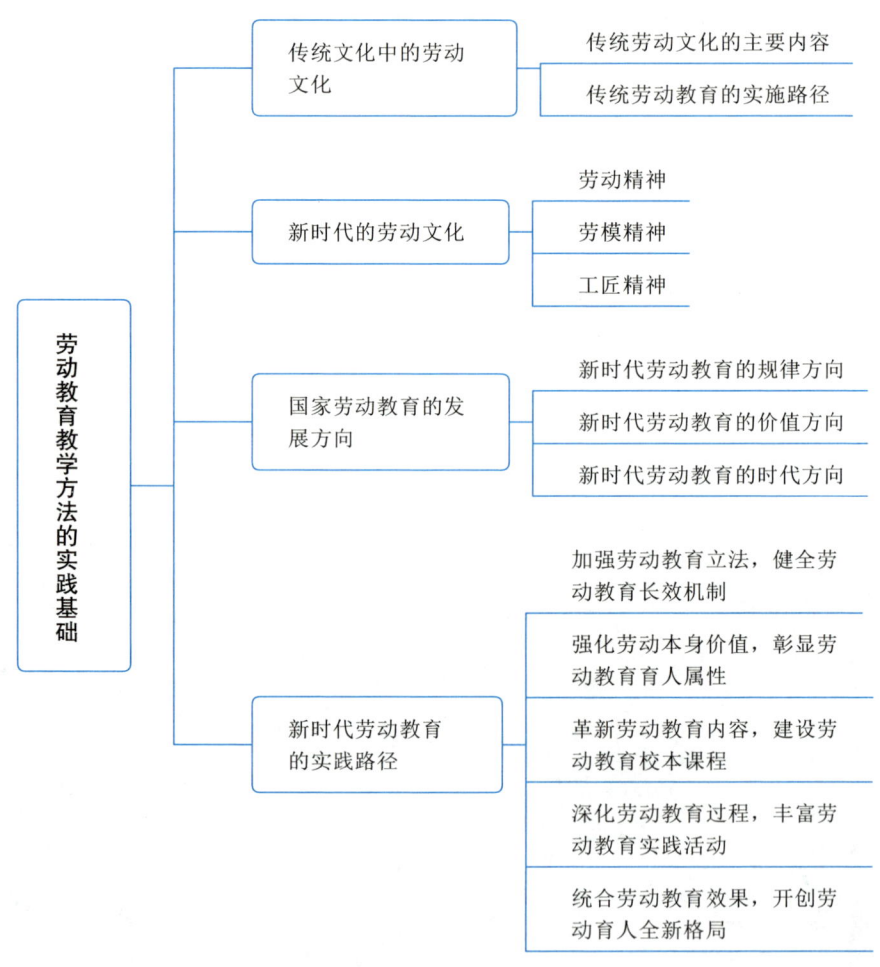

第 3 章　劳动教育教学方法的实践基础

劳动是人类社会生存和发展的基础。劳动不仅为人类的发展提供必要的物质条件和精神条件，还为人类的发展搭建实践平台。中华民族具有悠久的历史，在这个历史长河中也形成了传统的劳动文化。随着时代的发展，劳动文化产生了新的内涵，劳动教育的发展方向和实施路径也有了新的内容。为实现劳动教育的目标，提升劳动教育的实效性，就需要多种多样的劳动教育教学方法，而劳动教育教学方法则需要从历史实践和时代实践中汲取价值、理念、方式等方面的"营养"，才能获得强大的生命力。

第 1 节　传统文化中的劳动文化

所谓劳动文化，是对历史上出现的劳动与文化的对抗性冲突的扬弃，是文化的劳动化或向劳动的回归，是一种彰显劳动的价值和地位、劳动者的尊严和权利的文化，是一种弘扬劳动者的经济政治主体地位、精神文化主体地位和社会历史主体地位的历史观和价值观。中华优秀传统文化为新时代劳动教育提供了充足的历史养料和实践支撑，新时代劳动教育是传承和弘扬中华优秀传统文化的有效路径。《大中小学劳动教育指导纲要（试行）》明确指出，劳动教育要"继承优良传统，彰显时代特征""充分发挥传统劳动、传统工艺项目育人功能"。所以，了解传统劳动文化的内容以及传统劳动教育的实施路径，对于掌握劳动教育教学方法有着很强的参考价值和借鉴意义。

《大中小学劳动教育指导纲要（试行）》

一、传统劳动文化的主要内容

（一）以勤为美，崇尚劳动价值

中华民族向来重视对勤劳美德的培养，并将之看成是修身、齐家和治国的重要途径。对劳动的肯定和赞美是中国传统文化的重要内容。

史前时代就有诸多歌颂勤劳的神话，因勤劳能干而被尧封赏土地的后稷、因争取更多劳动时间而追逐太阳的夸父、因解救人类于漫长黑夜而辛勤钻木取火的燧人等，无一不在勉励人们要勤劳勇敢、自强不息。古代经典著作中对勤劳的阐释更是多有论及。《左传》曰："俭，德之共也；侈，恶之大也。"俭是道德要求，侈是万恶之首。荀子在《天论》中强调"强本而节用，则天不能贫"，表达了对勤劳耕作和勤俭节约的认同。《墨子·非命下》指出："必使饥者得食，寒者得衣，劳者得息。"称得上是中国社会福利、劳动保障思想的萌芽。不少家规家训也教导子女谨记"勤劳之风"。

中华儿女自强不息，用劳动创造了生活、创造了灿烂文化，在劳动中培养了互助和团结精神。"种豆南山下，草盛豆苗稀。晨兴理荒秽，带月荷锄归。道狭草木长，夕露沾我衣。衣沾不足惜，但使愿无违。"这首诗描绘了古代劳动人民辛勤劳动、创造生活的场景。不少古诗词更是融洽地将珍惜食物与辛勤劳动结合起来，深深影响并塑造着中国人勤俭节约的美德。劳动人民在勤劳创造生活的同时，发挥聪明才智，创造了举世瞩目的灿烂文明，在建筑、科技、手工业、天文地理等诸多领域都取得了无可比拟的成就。万里长城、天文仪、龙门石窟、都江堰、大运河以及素纱禅衣、榫卯结构、记里鼓车等，无一不是凝聚劳动人民勤劳智慧的伟大成果。

图 3-1　古人生产及生活场景浮雕

（二）劳动是生存之本

劳动是生存之本。古代哲学家、教育家、科学家墨子教育弟子说，"故圣人作诲，男耕稼树艺，以为民食""食者国之宝也""民无食则不可事，故食不可不务也"。在墨子看来，民不可无食，食必须通过劳动获得。明代学者吕坤说："一年不务农桑，一年忍饥受冻。"不勤劳务农，就缺衣少食。明末清初学者张履祥提出："治生以稼穑为先，舍稼穑无可为治生者。"这些观点指出了农业劳动的基本价值。清代政治家曾国藩将这种劳动谋生观点加以发展，提出："卫身莫大于谋食。农工商，劳力以求食者也；士劳心以求食者也。"

随着社会分工的发展，劳动已不限于农业，但是人必须劳动才能生存、生活。

（三）劳动促进个人发展

劳动可以培养人优良的品德和健康的身体素质。春秋时期的敬姜在教育儿子时说："夫民劳则思，思则善心生；逸则淫，淫则忘善，忘善则恶心生。"指出了劳可培善和逸则生恶两种不同的品德培养功能。明末清初的学者颜元认为："养身莫善于习动，夙兴夜寐，振起精神，寻事去作，行之有常，并不困疲，日益精壮。"意思是劳作使人强健。清代学者汪辉祖在批判"幼小不宜劳力"观点时指出："欲望子弟大成，当先令其习劳。"他认为，古来成功的将相，没有一个是软弱不耐劳苦的。

（四）劳动是幸福的源泉

古代先贤认为，辛勤劳动是一件值得自豪的事情，有了劳动成果的滋润，任何事物都会因此而变得伟大，而劳动者也会变成最幸福的人。陶渊明的《归田园居》："种豆南山下，草盛豆苗稀。晨兴理荒秽，带月荷锄归。道狭草木长，夕露沾我衣。衣沾不足惜，但使愿无违。"全诗平淡自然、清新质朴，言简意长，真挚感人，抒写了对田园生活的热爱以及享受田园劳作之乐的惬意、闲适的心情。《周颂·良耜》将春天播种的场景、夏天管护农作物的场景、秋天丰收的场景以及人们享用丰收果实的幸福场景串联起来，生动地表达了幸福来源于劳动这一生活感悟。

（五）强调创造性劳动

创造性劳动与重复性劳动不同，特别强调劳动过程中的变革性和创新性，体现为发明创造。一方面，将科学原理和技术运用到具体劳动中，改变了劳动方式；另一方面，在劳动过程中有所发现，并创造性地解决问题。中国古代劳动思想中就有这方面的范例。

其一，劳动中把握事物原理并做创造性运用。墨子作为中国古代伟大的科学家，不仅重视生产劳动，而且善于在生产劳动中发现科学原理，并据此做出大量创造发明，还教育学生将其运用于生产实践。他说："负而不挠，说在胜。"这里的"负"就是"担"或者说"衡木"的意思。"挠"原意是"曲木"，这里引申为"物体倾斜"的意思。"胜"有"胜任""承受"等意思。整句话是说，用衡木担物，支点在中间，衡木就不会发生倾斜。这是因为两端物量相等，彼此平衡的缘故。这句话包含着杠杆平衡原理，墨子运用此原理发明了提水工具——桔槔，大大节省了劳动力。

其二，劳动中进行创造性探索。在中国历史上，清代政治家、清圣祖康熙在自然科学方面也有很高的造诣，曾刊印《耕织图》颁行全国。他在劳动中还留心观察研究并有新发现："丰泽园所种之稻，偶得一穗，较他穗先熟，因种之，遂比别稻早收。若南方和暖之地，可望一年两获。"这段话生动记述了他在农作物良种培育方面的创造性探索。

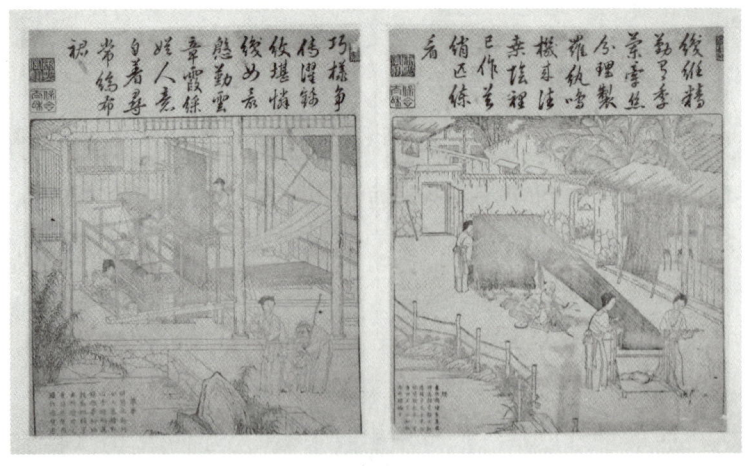

图 3-2　清康熙题诗《御制耕织图》

（六）主张诚实劳动

所谓诚实劳动，就是要实实在在地劳动，运用脑力或体力有效地改造世界，不弄虚作假，不投机取巧，不搞形式、走过场、摆样子。

其一，诚实劳动重在做实事。孟子讲的揠苗助长寓言，就生动讽刺了那些不诚实劳动却想取得成功的行为。要让禾苗长得好，就得踏踏实实浇水施肥，而不是一根根地往上拔。揠苗助长者虽然付出了体力，看到苗长高了一大截，但是苗最终全死了。这个故事可以说是对不诚实劳动现象的深刻批评，也从另一方面表达了孟子提倡诚实劳动的意思。事实上，中国传统劳动思想中的"习"字，本身就包含了实践、实行之意。主张劳动思想的汪辉祖指出："士不好学，农不力田，便不成为士、农。欲尽人之本分，全在各人做法……故'人'是虚名，求践其名，非实做不可。"他提出各行业的人要"实做"，进行脚踏实地的工作。这是他倡导诚实劳动的体现。

其二，诚实劳动尚力行、忌空谈。重视习行、关心实务，是中国古代思想的主流。然而，在历史上也不乏懒于劳动、脱离实际的空谈作风。比如六朝时期的名士，虽然在品藻古今方面颇多才华，一旦任用他们处理实务，却"多无所堪"。这些人惯于高谈虚论，迂诞浮华，不涉世务，不知有丧乱之祸，不知有耕稼之苦，不知有劳勤之役，因此难以"应世经务"。颜之推概括说："治官则不了，营家则不办，皆优闲之过也。"这是对那些不劳而获、没有真才实学的南朝名士的有力批判。

二、传统劳动教育的实施路径

（一）耕读结合的劳动教育模式

中国传统社会保留着耕读结合的优良传统，普通人家在从事农业生产劳动之余也读书学习。在历代私学教育中，一直有不间断的耕读结合的教育传统。清代张履祥认为，把农耕与读书结合起来，专心勤于农桑劳作，不仅能够供给国家的赋税徭役，满足自己家庭日常衣食之需，还能杜绝肆意妄为的不法行为。在农闲时间读书，可以明白事理，修身立世。耕读结合不仅推动了中国农业经济的发展，而且加强了对人民的劳动教育，稳定了社会秩序。

图 3-3　安徽西递古村旷古斋"耕读人家"石匾

如今，由于社会分工越来越细，耕读结合的教育模式已经不太可能，但这种教育理念还是值得发扬的。传统耕读结合的教育模式对如今我们如何贯彻教育与生产劳动相结合的教育方针有重大启发。例如，让学生在学习之余从事力所能及的农业劳动和社区劳动，可以增强学生体质，还可以增加学生对劳动的认识，从而树立尊重劳动、尊重他人的思想观念，在劳动过程中实现德育的目的。

（二）普及大众的劳动教育规范

中国古代虽然没有专门的机构推行劳动教育，但中华民族却能够形成勤劳的优良传统，一个重要的原因是中国古代有一套劳动教育的规范和制度。《礼记》等记载了一些劳动教育的规范。例如，《内则》有言："凡内外，鸡初鸣，咸盥漱，衣服，敛枕簟，洒扫室堂及庭，布席，各从其事。"在清晨鸡叫头遍时，每个人都要起床做自己分内的事。这样就形成了一种制度，养成为一种生活习惯。

我们可以借鉴中国古代关于劳动教育的制度设计，教育部门可以根据不同年龄段学生的特点，制定关于劳动教育的具体规定或意见，让学生劳动教育有法可依、有例可循。民间组织和社区机构也可以组织与劳动教育有关的活动,引导学生及家长参加。通过明确劳动教育规范,动员全社会力量开展劳动教育活动,使劳动教育的理念和实践在全社会普及。

(三)身体力行的劳动教育典范

在劳动教育推广方面,身体力行的劳动示范远比理论说教更有效。我国古代有许多劳动教育的典范人物,如南北朝时期的颜之推非常重视父母对子女的榜样示范作用。《颜氏家训·治家》有云:"夫风化者,自上而行于下者也,自先而施于后者也。是以父不慈则子不孝,兄不友则弟不恭,夫不义则妇不顺矣。"要想推行教化,就需要典范人物自上而下率先垂范。想让子女养成热爱劳动的好习惯,家长必须以身作则、积极参加劳动,为家里人做出表率。清代曾国藩也是身体力行的劳动教育典范。他虽然军务繁忙,仍然利用空闲时间参加力所能及的劳动。他勤于劳动、朴素节俭,为子女做出了表率。如今,我们也要大力弘扬劳模精神,进行劳动模范人物评选,大力宣传这些模范人物的先进事迹,在全社会形成示范效应,带动群众积极参加劳动。在家庭中,家长要率先垂范,积极做家务,争做劳动模范,给孩子树立好榜样,形成热爱劳动的好家风。

图 3-4 《颜氏家训》图书

（四）脍炙人口的劳动教育读本

中国古代劳动教育能够深入人心，与各种不同类型的教材分不开。中国古代的家训、诗歌中有很多关于劳动教育的内容，《三字经》《弟子规》《千字文》这些蒙学读物，也有与劳动教育有关的内容。例如，《三字经》有"稻粱菽，麦黍稷。此六谷，人所食"，《弟子规》有"房室清，墙壁净。几案洁，笔砚正"，《千字文》有"治本于农，务兹稼穑。俶载南亩，我艺黍稷"。这些内容简洁明了，便于记忆，普及性强，易被学生接受并长期诵读。如今，可以借鉴中国古代的做法，选取古代文献中一些富有劳动教育意义的内容，结合当代时代特征和劳动教育的目的，开展现代劳动教育，进行宣传推广，实现劳动教育大众化的目的。

第2节　新时代的劳动文化

伴随人类文明的不断演进，建立在中华优秀传统文化基础之上的，经过劳动实践得以传承和发展的劳动思想、劳动价值观以及劳动精神等，形成了我国独特的劳动文化，主要包括劳动精神、劳模精神、工匠精神等相关要素。

一、劳动精神

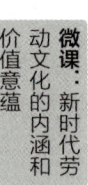

微课：新时代劳动文化的内涵和价值意蕴

（一）基本内涵

劳动精神是每一位劳动者为创造美好生活而在劳动过程中秉持的劳动态度、劳动理念及其展现出的劳动精神风貌。在长期实践中，我们培育形成了崇尚劳动、热爱劳动、辛勤劳动、诚实劳动的劳动精神。党的十八大以来，习近平总书记关于劳动和劳动精神的重要讲话是正确理解劳动精神的根本遵循。从个人层面上，"要在全社会大力弘扬劳动精神，提倡通过诚实劳动来实现人生的梦想、改变自己的命运"；从集体层面上，"让全体人民进一步焕发

第 3 章 劳动教育教学方法的实践基础

劳动热情、释放创造潜能,通过劳动创造更加美好的生活";从国家层面上,"劳动创造了中华民族,造就了中华民族的辉煌历史,也必将创造出中华民族的光明未来"。这些重要论述具有很强的思想性、指导性、针对性,必将鼓舞和激励我们担当新使命、奋进新时代。

(二)价值意蕴

1. 劳动者实现自身发展

劳动是一切成功的必经之路。对于劳动者来说,劳动是实现美好生活愿望、展现本质力量、创造生命辉煌的重要途径。劳动是幸福的源泉,是劳动者创造人生价值、展示人生意义的手段。新时代,党和国家事业空间很大,只要有志气有闯劲,普通劳动者也可以在宽广舞台上施展才华、实现人生价值,只要肯学肯干肯钻研,练就一身真本领,掌握一手好技术,就能立足岗位成长成才,在劳动中体现价值、展现风采、感受快乐。三百六十行,行行出状元。一切劳动者,要想在波澜壮阔的改革发展年代勇立潮头,在不进则退、不强则弱的竞争中赢得优势,在报效祖国、服务人民的人生中有所作为,就要孜孜不倦学习、勤勉奋发干事,干一行、爱一行、钻一行,踏实劳动、勤勉劳动,才能在平凡岗位上干出不平凡的业绩,实现体面劳动、全面发展。

2. 营造良好社会风尚

劳动是推动人类社会进步的根本力量,营造劳动光荣的社会风尚,其核心就是让全体人民崇尚劳动、热爱劳动、辛勤劳动、诚实劳动。劳动是财富的源泉,人世间的美好梦想,只有通过诚实劳动才能实现。因此,要通过弘扬劳动精神,让人们认识到,劳动是解决发展中各种难题的"金钥匙",生命里的一切辉煌,只有通过诚实劳动才能铸就。要在全社会形成尊重和鼓励一切劳动、尊重和鼓励一切创造的良好氛围,让尊重劳动、尊重知识、尊重人才、尊重创造的理念在全社会深深扎根,培育形成劳动最光荣、劳动最崇高、劳动最伟大、劳动最美丽的社会风尚,以辛勤劳动为荣、以好逸恶劳为耻,爱岗敬业、争创一流,以不懈奋斗书写新时代华章,共同创造幸福生活和美好未来。

图 3-5 营造劳动光荣的良好社会风尚标语景观

3. 推进全面建设社会主义现代化国家

实现民族独立、人民解放、国家富强和人民幸福是我们党团结带领工人阶级以及广大劳动群众艰苦奋斗和顽强拼搏的结果。党中央提出到 2035 年基本实现社会主义现代化远景目标。这是党在新时代的历史使命。实现这一目标，根本上靠劳动、靠劳动者创造，关键是要崇尚劳动、尊重劳动者。要让工人阶级以及广大劳动群众把自身前途命运同国家和民族前途命运紧紧联系在一起，把个人梦同中国梦紧密联系在一起，把实现党和国家确立的发展目标变成自己的自觉行动，在全面建设社会主义现代化国家过程中大力践行劳动精神，推动全社会热爱劳动、投身劳动、爱岗敬业，鼓励各类劳动者立足岗位、各尽其能、各得其所，矢志不渝跟党走、当好主人翁、建功新时代，不断谱写新时代的劳动者之歌。中共中央 国务院印发的《关于全面加强新时代大中小学劳动教育的意见》提出"培养勤俭、奋斗、创新、奉献的劳动精神"，这为积极开展新时代劳动教育、大力培养新时代劳动精神指明了方向。

二、劳模精神

（一）基本内涵

新时期劳模精神的基本内涵是"爱岗敬业、争创一流，艰苦奋斗、勇于创新，淡泊名利、甘于奉献"。劳模精神的三个方面相互联系，"爱岗敬业、争创一流"是劳模的奋斗目标，是劳模精神的本质特征；"艰苦奋斗、勇于创新"展现出劳模的精神风貌，是劳模精神的品质体现；"淡泊名利、甘于奉献"体现了劳模的思想境界，是劳模精神的优秀品格。

（二）价值意蕴

1. 凝聚建功新时代的磅礴伟力

2018年"五一"国际劳动节之际，习近平总书记在给中国劳动关系学院劳模本科班学员回信中提出，希望"用你们的干劲、闯劲、钻劲鼓舞更多的人，激励广大劳动群众争做新时代的奋斗者"。劳动模范是"干出新时代"的排头兵，是践行"实干兴邦"的楷模。激励广大劳动群众争做新时代的奋斗者，就是要让实干担当在新时代蔚然成风，让改革创新在新时代焕发活力，让精益求精在新时代落地生根。只要我们持之以恒地弘扬劳模精神，充分调动起广大劳动人民的积极性、主动性和创造性，就一定能最大限度地聚合起人们饱满的奋斗热情，从而为建功新时代、实现中国梦凝聚起磅礴的中国力量。

2. 引领新时代产业工人队伍建设

推进产业工人队伍建设，是以习近平同志为核心的党中央着眼于巩固党的执政基础、实施制造强国战略、全面提高产业工人素质做出的重大决策部署。在新时代，应充分发挥劳动模范和工匠人才的示范带动和价值引领作用，培养造就更多劳动模范、大国工匠，努力打造一支有理想守信念、懂技术会创新、敢担当讲奉献的宏大产业工人队伍，建设知识型、技能型、创新型劳动者大军。

图 3-6　2022 年全国五一劳动奖章获得者胡俊祥：创新逐梦　技能报国

3. 昭示新时代劳动教育的价值取向

习近平总书记在全国教育大会上强调，"要在学生中弘扬劳动精神，教育引导学生崇尚劳动、尊重劳动，懂得劳动最光荣、劳动最崇高、劳动最伟大、劳动最美丽的道理，长大后能够辛勤劳动、诚实劳动、创造性劳动"。这既是对广大学生涵养深厚劳动情怀的谆谆嘱托，更是对未来劳动者用奋斗成就梦想的殷切期待，昭示着新时代劳动教育的价值取向。劳动模范是每个时代劳动精神的典型化身，是引导广大学生培育践行社会主义核心价值观的宝贵财富和有效载体。应充分发挥劳动模范先进事迹和优秀品质的感召作用，让青少年有机会近距离接触劳动模范、聆听劳模故事、感受劳模精神，在实践中体悟劳模精神，在磨炼意志和增长才干中感受劳动的乐趣和收获，从而培育辛勤劳动、诚实劳动、创造性劳动的精神气质。

三、工匠精神

（一）基本内涵

新时代的"工匠精神"的基本内涵，主要包括爱岗敬业的职业精神、精益求精的品质精神、协作共进的团队精神、追求卓越的创新精神这四个方面的内容。其中，爱岗敬业的职业精神是根本，精益求精的品质精神是核心，协作共进的团队精神是要义，追求卓越的创新精神是灵魂。

（二）价值意蕴

1. 改善社会风气

新中国成立特别是改革开放以来，为了尽快摆脱落后面貌，我国一直不遗余力地开展"速度追赶"。但在实现体量大增的同时，也在一定程度上造成了社会心态的浮躁。浮躁意味着浅尝辄止、急功近利，对于一个人、一个国家和社会的长远发展都非常不利。弘扬工匠精神，有利于引导各行各业调正心态、端正态度，实现对事业热爱、对工作尽心、对社会负责。如果每个人都践行工匠精神、敬业精神，就能够不断提升个人技能、提高产品质量、夯实发展基础，进而促成认真诚信、务实创新的社会氛围。

2. 打造中国品牌

中国质量已实现历史性重大发展，但总体上档次不够高、适用性不够强，特别是品牌价值和文化内涵与国际先进水平相比差距较大。工匠精神的核心要义是精益求精，终极目标就是打造品牌。弘扬工匠精神，在设计研发、生产加工、营销服务各个环节追求卓越，就能够更好地提品质、增品种、创品牌，推动中国产品向中国品牌转变。国内产品和服务质量提高了，就可以满足广大消费者个性化、多样化的需求，减少消费外溢和扩大内需，反过来又能促进质量的进一步提升，进而增强中国制造在国际市场的竞争力和美誉度，改善国家形象。

3. 塑造民族精神

中华民族勤劳、勇敢、智慧，团结忍耐、奋发图强的民族精神令世界瞩目。但几千年的封建制度和安土重迁的农耕文化，也造成一定程度的封闭、将就、守旧，开放性、精准性、创新性显得不足。工匠精神包含着精工细作，也意味着开拓进取。一个具备工匠精神的企业和团队，必然拥有坚定的心态、严谨的态度和执着的追求，也就具备了做优做大做强的基础。一个拥有工匠精神的国家和民族，也成为国家和民族振兴的希望和后劲所在。"二战"后，遭受重创的德国和日本能够迅速崛起，很重要的原因就是有一大批具备工匠精神的产业工人。在全面建设社会主义现代化国家新征程上，践行工匠精神将助力我国攻坚克难、砥砺前行，促进"中国巨轮"行稳致远。

第3节 国家劳动教育的发展方向

在全国教育大会上，习近平总书记提出"要努力构建德智体美劳全面培养的教育体系"，将劳动教育明确为全面发展教育的重要组成部分。在习近平总书记重要讲话的指引下，国家层面先后发布《关于全面加强新时代大中小学劳动教育的意见》《大中小学劳动教育指导纲要（试行）》等多个指导性文件，劳动教育已经成为教育领域改革关注的焦点。为此，把好新时代下劳动教育的方向舵对于把准劳动教育教学方法具有十分重要的意义。

一、新时代劳动教育的规律方向

新时代下劳动教育要把好规律方向。马克思主义哲学认为，事物的发生发展是有规律的，规律是可以认识和掌握的。新时代劳动教育并不是简单的重复性体力劳动，必须遵循教育规律，遵循学生的身心成长规律，符合学生年龄特点，以体力劳动为主，注意手脑并用、安全适度。为此，需要根据不同阶段学生的特点进行系统设计。小学阶段，注重基本生活技能、劳动意识和劳动习惯的培养；中学阶段，侧重培养劳动技能、劳动价值观、劳动精神；大学阶段，将学生的创新创业能力培养作为重要目标，引导大学生积累职业经验，树立正确择业观，培养到艰苦地区和行业工作的奋斗精神，懂得空谈误国、实干兴邦的道理。职业院校可根据劳动教育新要求，调整和优化专业人才培养方案，在抓好职业技术教育的同时，强化劳动精神、劳模精神、工匠精神教育，让学生增强职业荣誉感，感受和体会平凡劳动中的伟大。加强劳动教育，需要强化实践体验，让学生亲历劳动过程，提升育人实效性。教育引导学生砥砺奋斗、吃苦耐劳，在劳动中创造财富和价值，通过劳动过程中创造性的实践活动及其成果感受劳动乐趣，激发永远奋斗的精神。

二、新时代劳动教育的价值方向

新时代下劳动教育要把好价值方向。马克思曾在《1844年经济学哲学手稿》中提出"劳动创造了美"。而这种由"劳动"创造出来的"美"不仅包含了对美的认知、对美的思想认同、对美的行为确认,也是一种价值取向的具体体现。习近平总书记指出:"劳动是财富的源泉,也是幸福的源泉。人世间的美好梦想,只有通过诚实劳动才能实现;发展中的各种难题,只有通过诚实劳动才能破解;生命里的一切辉煌,只有通过诚实劳动才能铸就。"劳动教育是中国特色社会主义教育制度的重要内容,直接决定社会主义建设者和接班人的精神面貌、价值取向和技能水平。

党的十八大以来,各地区和学校坚持教育与生产劳动相结合,在实践育人方面取得积极成效。同时也要看到,在一些青少年中存在不珍惜劳动成果、不想劳动、不会劳动的现象,劳动的独特育人价值在一定程度上被忽视,劳动教育被淡化、弱化。因此新时代下劳动教育应当坚持党的领导,围绕培养担当民族复兴大任的时代新人,着力提升学生综合素质,促进学生全面发展、健康成长。把准劳动教育价值取向,引导学生树立正确的劳动观,形成劳动最光荣、劳动最崇高、劳动最伟大、劳动最美丽的观念,崇尚劳动、尊重劳动,辛勤劳动、诚实劳动,以创造性劳动报效国家、奉献社会。

三、新时代劳动教育的时代方向

新时代下劳动教育要把好时代方向。中华民族是一个勤于劳动、善于创造的民族。从《尚书》中的"克勤于邦,克俭于家",到《国语》中的"劳则思,思则善心生",再到《朱子治家格言》中的"黎明即起,洒扫庭除,要内外整洁",诸多古训格言都彰显了勤俭自持、耕读传家的中华传统美德。而当今时代,万物互联,劳动形态发生巨大变化。这就要求劳动教育与新技术、新产业、新业态相呼应,挖掘劳动教育新内涵,创新劳动教育形式、内容、途径,鼓励学生运用多学科知识,开展创造性劳动,使新时代劳动教育适应

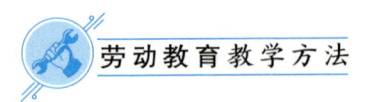
劳动教育教学方法

科技发展和产业变革要求。深化产教融合，改进劳动教育方式。强化诚实合法劳动意识，培养科学精神，提高创造性劳动能力。

第4节 新时代劳动教育的实践路径

劳动教育本质上是实践性的。在新时代，劳动教育形态的多元、内容的扩充、功能的升级决定了劳动教育的世界观和方法论的变革。这对新时代劳动教育的实践路径提出了新要求。针对这种新要求，我们要直面困境，沉着应对，实时调整和深化改革，进一步明确劳动教育的发展路向，深化对劳动教育的本真理解，致力于培育具有深厚劳动情怀、扎实劳动知识以及较强劳动能力的新生一代，不断开辟劳动教育的新境界，为建设创新型国家输送大批具有较高劳动素养的时代新人。

一、加强劳动教育立法，健全劳动教育长效机制

法律制度的强制性、规范性和普遍性是保障劳动教育得以巩固和发展的重要前提。从国际经验来看，早在苏联时期，著名教育家克鲁普斯卡娅就十分重视劳动教育的立法工作，提出"必须通过相当的教育去培养人民群众进行生产劳动的思想，在国民公会所通过的无数有关国民教育的草案中，像一根红线似的贯穿始终"。德国针对学生的家务劳动也进行了专门的法律规定：6岁以上孩子必须帮父母干家务。劳动教育立法能够提高制度建设在劳动教育中的重要作用，能够通过法律的强制性和规范性来保障在学校、家庭和社会中落实劳动教育。2021年4月新修订的《中华人民共和国教育法》第5条重申："教育必须为社会主义现代化建设服务、为人民服务，必须与生产劳动和社会实践相结合，培养德智体美劳全面发展的社会主义建设者和接班人。"我国应该继续巩固并强化劳动教育的重要地位，积极推进劳动教育的立法工作，加快顶层设计和系统规划，分步实施，逐步完善，建立科学规范的劳动教育长效机制。

📖 拓展阅读

德国《民法典》第1619条明确规定：子女必须承担部分家务劳动，且属家教部分。原联邦德国法律甚至要求6~18岁儿童必须参加相应的家务劳动："六岁之前可以玩耍，不必做家务；六到十岁，偶尔要帮助父母洗碗、扫地、买东西；十到十四岁，要剪草坪、洗碗、扫地及给全家人擦鞋；十四到十六岁，要洗汽车、整理花园；十六到十八岁，如果父母上班，要每周给家里大扫除一次。对于不愿意做家务的孩子，父母有权向法院申诉，以求法院督促孩子履行义务。"

德国联邦法院此前还解释，对于14岁以上的孩子，每周7小时家务劳动是适当的；14岁以下按照自身情况逐步减少。如果父母生病，孩子应该增加家务，帮助父母主动承担一定的家庭责任。

哈佛大学学者曾做过一项调查，结果显示：爱干家务的孩子和不爱干家务的孩子，成年之后的就业率为15∶1，犯罪率是1∶10。爱干家务的孩子，离婚率低，心理疾病患病率也低。

（一）加强劳动教育实施顶层设计和协同落实

国家要制定出台专门的劳动教育法规，明确将劳动素养作为评价学生的重要指标，并纳入学生考核的评价体系中，为维护劳动教育的地位提供法律保障。各级党委和政府要把劳动教育摆上重要议事日程，切实强化本级政府推动所辖学校劳动教育的职责，加快研究适合本地区劳动教育的政策文件，为学校开展劳动教育创造条件，切实解决劳动教育实施过程中的重大问题，抓好督促落实，推动建立全面实施劳动教育的长效机制，最终建立一个贯通幼儿园到中小学再到大学的纵向一体化劳动教育体系，健全培养学生德智体美劳全面发展的横向劳动教育体系。

（二）将劳动教育纳入各级各类学校整体发展规划

各级各类学校要积极推进劳动教育工作，全面贯彻党和国家提出的劳动教育的新要求。在政府对劳动教育进行系统设计和全面部署后，学校要及时

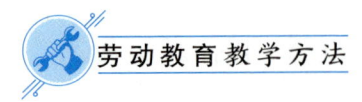

成立劳动教育领导小组，建立规定性的会议制度，领导小组成员对学校劳动教育的开展情况定期进行汇报，对劳动教育的经验做法、工作成效和实施难度进行深入研讨，做好学校各部门之间的协同配合，保障劳动教育的持续推进和长效发展。

（三）建立健全劳动教育长效评价监督机制

劳动教育欲逐步走上规范化和制度化的发展轨道，要有科学、具体、可行的长效评价监督机制。要把劳动教育纳入教育督导体系，完善督导办法。将劳动教育纳入标准化学校、示范性高中、办学绩效等评价范畴，并纳入教育常规管理体系。对地方各级政府和有关部门保障劳动教育情况以及学校组织实施劳动教育情况进行督导，督导结果向社会公开，同时作为衡量区域"五育并举"、教育质量和水平的重要指标，作为对被督导部门和学校及其主要负责人考核奖惩的依据。搭建省级劳动教育评价监管平台，开展劳动教育质量监测，发挥监测结果的引导、反馈和改正等作用，生成劳动教育专项分析报告，促进地方各级政府和有关部门落实保障劳动教育的责任。学校劳动教育领导小组要加强评估监测工作，开展专题研讨进行及时反馈和改进，最大限度地提升劳动教育的针对性和实效性。

二、强化劳动本身价值，彰显劳动教育育人属性

劳动是人得以生存和发展的基础，人类通过劳动实现了自身与外在自然界之间的统一。正如恩格斯所说："劳动创造了人本身"。劳动教育如果只停留于实践表面的教育方法和教育工具，就会忽视并消解劳动教育的综合育人价值。因此，新时代劳动教育要不断探索、强化劳动的价值，挖掘劳动教育的内在价值和本体价值，以促进学生的全面发展和自我实现为目标，提升劳动教育的内在生命力，发挥劳动教育"以劳育人"的价值导向，凸显劳动教育的综合育人价值。

（一）在劳动教育中厚植社会主义核心价值观

社会主义核心价值观是我国社会主流意识形态的集中彰显，为中国特色

社会主义的建设和发展提供了思想引领，对学生劳动教育具有重要的价值指引意义。学校生活对社会主义核心价值观的吸收与融入程度直接影响和决定着我国社会凝聚力水平的高低，也体现了学校立德树人的落实情况，并对立德树人工作的规划和开展起着决定性的作用。劳动教育是引导学生培育与践行社会主义核心价值观的有效途径，要在劳动教育中融入爱国主义教育、理想信念教育和人生观教育，凝魂聚气，构筑中国价值和中国精神，让社会主义核心价值观贯穿于涵养学生品性的每一次劳动之中。

图 3-7　社会主义核心价值观标语景观

（二）通过劳动教育提升学生综合素养

新时代赋予劳动以新的含义，劳动不仅是个体谋生的手段，也是个体实现人生价值的重要表现。热爱劳动是人的一种美德，用劳动来创造美好的生活是有意义的。随着科技的发展和产业的变革，"互联网+"与"人工智能"逐步渗透到社会劳动和日常生活中，社会劳动形态相较于传统劳动发生了巨大变化。新时代对劳动教育的创新性和时代性要求越来越高，既要增加创造性劳动的教育内容，着力培育新时代学生的工匠精神和劳动精神，最大限度地挖掘学生的创造性和可能性，又要通过劳动教育不断提升学生的综合素养，使之获得创造幸福生活的素养和能力，为学生的全面成才奠定基础。

（三）引导学生树立积极健康的劳动价值观

中华文明的每一个进步都离不开大批劳动者的辛勤耕耘，教师要引导学生深刻理解劳动创造美好生活的价值。当前我国正处于推进中华民族伟大复兴的关键时期，要"扎根中国大地办教育，同生产劳动和社会实践相结合"。作为我国社会主义的建设者和接班人，学生要树立效劳祖国和服务人民的劳动价值观，树立高远的理想和远大的抱负，增强劳动义务感和社会责任感，凝聚成奉献社会、推动社会进步的强大动力，全身心地投身民族复兴的伟业。

三、革新劳动教育内容，建设劳动教育校本课程

新时代背景下社会劳动也逐渐出现了新的形态，劳动教育已经不同于传统意义上的劳动力教育，而是要结合社会发展的新形势创新劳动教育内容，培养适应时代发展的新生劳动力量。《关于全面加强新时代大中小学劳动教育的意见》明确界定了劳动教育的基本内容："以日常生活劳动、生产劳动和服务性劳动为主要内容开展劳动教育。结合产业新业态、劳动新形态，注重选择新型服务性劳动的内容。"目前我国已经进入社会经济高质量发展的新时代。新时代呼唤与之相应的劳动教育内容，重构劳动教育课程体系迫在眉睫。要切实落实《关于全面加强新时代大中小学劳动教育的意见》的指示和精神，紧跟时代步伐，使劳动教育贴近社会现实，反映新时代的劳动特点和时代精神，紧密结合学校的实际校情，与时俱进地推进劳动教育内容的完整性和适切性，在深化改革中不断完善劳动教育的内容体系。

（一）建设具有时代性的劳动教育课程体系

结合时代特征，要扭转将劳动教育课程拘泥于体力劳动训练和单纯传授劳动知识的错误行径，以培养劳动素养为主要目标，注重挖掘综合育人价值。新时代劳动教育应优化劳动课程设置，创新劳动课程设计，将劳动教育课程深度融入新时代全面型、创新型人才培养目标，打造科学的劳动教育课程方案，提升劳动课程的教育质量，建立系统化的劳动教育课程体系。

（二）设计贴近学生实际的劳动教育课程

在劳动教育中，内容的适切性直接决定着学生对其领悟的深度与高度，影响着劳动教育的实际效果，关涉人才培养的质量。科学有效的劳动教育内容一定要具有指向性和适度性，以利于学生更好地理解、领会和掌握。要遵循不同学段学生的年龄特点和思维规律，有步骤、分阶段地将劳动意识启蒙、体验劳动乐趣、公益劳动、劳动自主、情境探究、创意创造、互惠分享等内容纳入培养方案。"小学低中年级以校园劳动为主，小学高年级和中学可适当走向社会、参与集中劳动，高等学校组织学生走向社会、以校外劳动锻炼为主"。要循序渐进地引导学生学习劳动知识，树立劳动光荣的价值观念，不断激发他们内在的劳动潜力与实践动力。

（三）建设符合学校特色的校本课程

劳动教育内容不能"千校一面"，要结合学校的优质资源，因校制宜。国家对劳动教育内容从上位角度提出纲领性指导，各级各类学校要积极探索特色培养模式，努力建设与学校特色内涵相适应、面向全体学生、满足学生个性发展需要的校本课程体系，以全面提升学生劳动素养与劳动精神，让学生通过学校特色培养模式多元地认识自我，并发挥出巨大的潜力。

四、深化劳动教育过程，丰富劳动教育实践活动

劳动教育具有较强的实践性。在劳动教育中，要重点把握"脑体合一"原则，使学生在劳动教育过程中实现身体锻炼、认知获得与情感发展"三位一体"的情境性、体验性的具身化状态。"只有身体'全身心'地参与，心、身、物的整体联动与动态生成才能顺理成章。"在劳动教育实施过程中，如果不按既定程序和要求进行有效组织，或是贯彻执行能力退化，就难以发挥劳动教育的应有之效。这既无法满足劳动教育的实际需要，也侵蚀了学生参与劳动活动的积极性和主动性，不仅难以培养学生热爱劳动的美德，也难以养成良好的行为习惯。

劳动教育教学方法

（一）强化劳动教育自觉意识

学校要从促进学生全面发展、为国家培养合格劳动者的角度认识劳动教育的价值，扭转将劳动教育作为附属任务、敷衍了事的错误认知，增强劳动教育的能动性和主动性。要积极开展资料检索、主题研究、项目学习、情境探究、公益劳动、学科实践、方案创制等多元的情境性劳动实践活动，将身体的行动与知觉有机结合起来，"达成身体、心理、认识、情感、意志等要素的协调统一和高度融合"，为劳动教育的有效组织和顺利实施奠定思想基础。

（二）开展丰富的劳动教育实践活动

学校要开展丰富多样的劳动教育实践活动，采取多种方式拓展劳动教育实践场所，在行业组织、行政事业单位、社区和其他社会机构，建立相对稳定的实习和公益劳动实践基地。让学生亲身体验劳动的乐趣，引导学生尊重劳动、热爱劳动、享受劳动的幸福感和愉悦感。教师要改变将劳动教育视作单一的课堂灌输劳动知识的做法，解放学生的身体，加强学生自身与教育环境的相互作用，扩大劳动教育实践活动的实施范围。劳动教育实践活动要沟通课内与课外，打通校内与校外，既让学生获得劳动知识和技艺，也深化他们对劳动的感知与体验。引导学生感悟劳动带来的收获和幸福，体悟到劳动能够创造美好生活，这是劳动教育的真谛，也是劳动教育卓有成效的有力表征。

五、统合劳动教育效果，开创劳动育人全新格局

在劳动教育中，劳动仅是一种手段，而教育才是目的，我们不能本末倒置。增强劳动教育效果，离不开家庭、学校与社会构成的协同育人格局。为避免由于孤军奋战、各自为政所导致的劳动教育低效或无效的窘境，就需要加强家庭、学校与社会三者之间的协力合作，共同承担起促进学生综合素养提升的责任。新时代劳动教育超越了学校边界，这就"要求社会上的各种机构和组织建立起一个生态圈"。劳动教育的协同推进需要在发挥学校主导作用的基础上，重视校内劳动教育与校外落实环境的相互补充，充分激发家庭的

第3章 劳动教育教学方法的实践基础

基础作用和社会的保障作用。劳动教育的综合性特征，也要求整合家庭、学校和社会的劳动教育资源，开创协同推进劳动育人的新格局。

（一）发挥三维合力营造协同育人新局面

围绕"家庭、学校、社区（社会）"三维领域整体开展劳动教育。家庭是实施劳动教育的重要场所，家长要以身作则，树立崇尚劳动的良好家风，鼓励学生参与力所能及的家务劳动；学校要为学生提供系统的劳动教育，引领学生增长劳动见识、激发劳动兴趣、体验劳动美感、享受劳动成果；要加强对家庭劳动教育的指导，通过家长会等途径，建立以学校为主导、家庭为基础、社区为依托的协同实施机制，鼓励通过家庭、学校、社会合作开发家庭劳动教育清单等方式，落实家庭劳动教育基本责任。社会要发挥对劳动教育的补充与辅助作用，开发更多优质的社会劳动实践资源，各级政府部门要加强对劳动教育工作的统筹协调，积极引导企业公司、工厂农场等组织履行社会责任，开放实践场所。群团组织要组织动员相关力量，搭建活动平台。支持学生深入城乡社区、福利院和公共场所等参加志愿服务，开展公益劳动，参与社区治理。

（二）注重劳动教育一体化建设

学生劳动素养的形成是一个复杂、长期的过程，不可能一蹴而就，建立一体化的劳动教育体系势在必行。在劳动教育目标上，坚持知情意行的辩证统一；在劳动教育内容上，要循序渐进地组织具体内容；在劳动教育教学方法上，必须根据学生身心发展特点和思想水平，遵循教育规律，精心筛选适应学生发展的方法，有的放矢地培养他们手脑并用的能力；在劳动教育评价方式上，要坚持全面性，调动教师、学生、家长、社区以及相关社会人士参与评价的积极性，将诊断性评价、终结性评价、过程性评价和增值性评价有机地结合起来。

（三）营造劳动光荣的良好社会氛围

开展劳动教育要加强宣传引导，在全社会营造"劳动光荣"的良好氛围。各级政府部门要把推进劳动教育作为落实立德树人根本任务的重要载体，积极组织开展所辖学校劳动教育研讨、主题宣讲、主题班会等系列教育活动，积极拓展"互联网＋劳动教育"等学生乐于接受的新型网络媒介平台，持续提升师生群体、家长和社会的认识水平。加强大中小学校劳动教育校园文化建设，深入挖掘和凝练学校劳动教育工作特色亮点、先进典型，内宣外宣并举，线上线下互动，弘扬劳动光荣、创造伟大的主旋律。要通过媒体广泛深入宣传辛勤劳动、诚实劳动、创造性劳动的典型人物和事迹。要创建一批劳动教育示范学校。加强劳动教育科学研究，组织开展劳动教育经验交流和成果展示活动，营造全社会关心支持劳动教育的浓厚氛围。

思考与练习

1. 列举我国传统文化中的劳动文化，并阐述其对实施新时代劳动教育的启示。
2. 谈谈你对新时代劳动文化的理解。
3. 结合国家劳动教育的发展方向，试论述新时代劳动教育的实践路径。

模块二 实操篇

第 4 章
讲授示范法

▌ 本章导读 ▌

本章首先介绍讲授示范法的内涵，在阐述讲授示范法的含义及其主要特点的基础上归纳总结讲授示范法的主要内容和相关要求。列出讲授示范法的三种方式，最终提出评价体系的主要内容。

| 学习要求 |

了解讲授示范法的内涵及主要内容；掌握讲授示范法的特点及实施方式，把握讲授示范法的主要评价方式方法。

| 思维导图 |

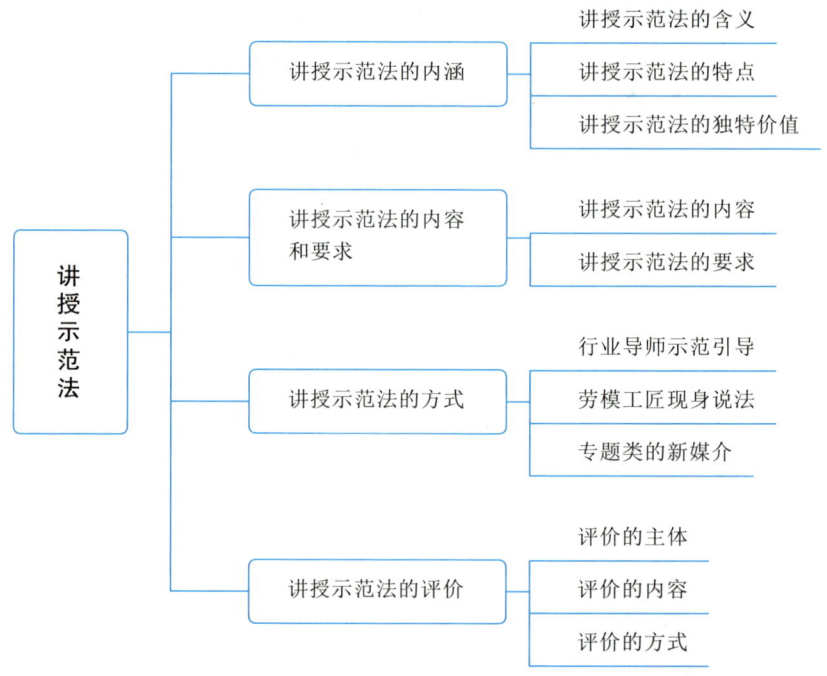

一直以来，讲授示范法在教学实践中被广泛应用。关于讲授示范法有许多不同的看法。有人认为讲授示范法是传统教学方法，传统就意味着过时，不够先进，也有人把讲授示范法等同于满堂灌，就是填鸭式教学。以上看法具有片面性，本章将为讲授示范法进行一些澄清。

第 1 节　讲授示范法的内涵

一、讲授示范法的含义

讲授示范法，即讲授式教学方法，是教师通过语言系统地向学生描绘情境、叙述事实、解释概念、论证原理、阐明规律，并现场示范的一种教学方法。讲授示范法是一种古老而又广为应用的传统的教学方法，有人批评它是"照本宣科""满堂灌""填鸭式"的教学，导致学生机械地、被动地学习，抑制了学生的主体参与，不利于学生能力的发展。讲授示范法的确是一种传授知识的有效方法，尽管颇受非议，但是教师如果运用得当，它也是行之有效的一种劳动教育教学方法，是教师向学生传授知识不可缺少的重要手段。

讲授示范法比较适合应用于概念、原理、原则等比较抽象的理论性比较强的内容。需要说明的是，教师主要运用口头语言，但并非只用口头语言。运用讲授示范法时，教师可以借助图片、模型、视频、动画、网络资源等辅助课堂进程。它是教师使用最早的、应用最广的教学方法，可用于传授新知识，也可用于巩固旧知识，其他教学方法的运用，几乎都需要同讲授示范法结合进行。人们对讲授示范法最普遍的印象是"教师讲、学生听"，而且往往会在课堂上持续几十分钟，这也是讲授示范法最经常引起质疑、招致批评的原因所在。

讲授示范法偏重知识的接受学习，在奥苏贝尔的理论中，学习者已有经验与新内容直接建立实质性关联被看作是有意义学习真正发生的标志。有意义的学习正是要在学习者认知结构中产生新的意义。运用讲授示范法进行新内容的教学，重点在于帮助学生高效率地在原有认知结构中建立新的意义，并且这个新的意义不是孤立存在的,而是与原有经验密切关联的。"接受学习虽然从现象方面看比发现学习简单一些,但它出现较晚,尤其是它的高级的和纯言语的形式更是如此,它需要较高的成熟的认知水平。在这种场合下,智力越成熟,就越有可能采取较简单而更有效的认知活动方式来获得知识。"学生在进入学校后,发现学习的优先地位逐渐让位于接受学习,随着他们心理、智力和语言的成熟,接受学习的地位也就日益强化。

图 4-1 教师在课上讲授知识

二、讲授示范法的特点

讲授示范法是使用最广泛也是最古老的教学方法。在运用演示法、练习法、实验法等种种教学方法时也不能完全脱离教师的口头语言讲授。讲授示范法,是以某种主题为中心有组织有系统地口头讲授,讲授示范法中包括讲解、讲述、讲演等不同的讲授形式,实际教学中,三者很难截然分开,常常交织在一起,混合使用。讲授示范法具有以下几个特点:

微课:讲授示范法的特点

第一,讲授教学要根据一定的教学目的进行传授,教师要对讲授的内容做合理的组织。

第二，讲授中，教师起主导作用，教师是教学的主要活动者，学生是知识信息的接受者。

第三，口头语言是传递知识的基本工具。

三、讲授示范法的独特价值

讲授示范法之所以被广泛使用，还是因为它独特的教学价值。这种教学方式使教师的主导作用体现得最充分，最有利于调控课堂，提高教学效率。

（一）利于教师对课堂的把控

讲授示范法不仅可以最大限度发挥教师的主导作用，实现在传授知识的同时对学生进行情感和思想品德的教育，达到教育和教学目的。教师在传授知识时，还由于主动驾驭的因素，对课堂教学的全面管理有较强的控制力，信息的传递可以由易到难、由浅入深，可以及时发现课堂进程中的问题，针对有关情况随机应变，对内容、方法及进程都可以做出相应的调整，以保证教学目标的实现和促进学生的发展。

（二）利于信息高效系统传递

教师在课堂上利用讲授示范法进行教学时，能够在相对短的时间内传递大量系统化信息，有利于学生系统地接受和继承人类文化遗产。同时，教师可以同时面对许多学生进行讲授，使其成为一种非常经济的手段。

（三）利于学生全面把握教材

教材作为学生学习学科知识体系的一个蓝本，不仅汇集着系统的学科知识，而且还蕴藏着许多其他有价值的内容，如学科的思想观点、思维方法以及情感因素。讲授示范法通过准确、简练并符合学生的理解能力与接受水平的语言，照应教材的全面性和系统性，有利于帮助学生抓住重点、难点和关键，全面把握教材。

（四）利于教学范围与方法的扩大

任何真正有效的讲授都必定是融进了教师自身的学识、修养、情感，流露出教师内心的真、善、美。所以，讲授对教师来说，不仅是知识方法的输出，也是内心世界的展现。它潜移默化地影响、感染、熏陶着学生的心灵。可以说，它是学生认识人生、认识世界的一面镜子，也是学生精神财富的重要源泉。

在各种常用的教学方法中，讲授法能适用于各层次、各年级、各学科的教学，其他各种教学方法实际都是在讲授的基础上或围绕讲授而结合进行的，并由讲授居主导地位。教师只有讲得好，其他各种方法才能有效运用。

从教的角度来看，任何方法都离不开教师的"讲"，其他各种方法在运用时都必须与讲授相结合，只有这样，其他各种方法才能充分发挥其价值。所以，可以认为，讲授是其他方法的工具，教师只有讲得好，其他各种方法的有效运用才有了前提。从学的角度来看，接受法也是学生学习的一种最基本的方法，其他各种学习方法的掌握大多是建立在接受法的基础上。学生只有学会了"听讲"，才有可能潜移默化地或自觉系统地把教师的教法内化为自己的学法，从而真正地学会学习，掌握各种方法。

第2节 讲授示范法的内容和要求

一、讲授示范法的内容

各学科的知识都是成体系的，这个"体"是由若干"点""线""面"构成的，正所谓"竖成线，横成片"，如同一个立体几何形体。点，即知识的基本单位，如知识点、重点、难点和关键点。线，即点与点的联系，如教材中的主线、副线和多线交织。面，即若干点与线的集合，如教材中的章、单元、课、节和段。面面俱到、四面出击的讲授，乃是教学的忌；而以点带面，以简驭繁，方能达到教学艺术的理想境界。

因此，讲授教学要着意处理好以下三点：依据知识的重要程度和对学生的不同要求，可把基础知识分为主要、必要和一般三类。

主要基础知识，又称基本知识。它们在教材中经常出现，是目前和今后非常有用的知识，学生如不能很好理解，后面学习将变得困难。所以这类知识理应成为教学重点。

必要的基础知识，与主要基础知识相比，其重要性与要求程度要低一些。而一般基础知识就是辅助性知识，用来扩大学生的知识面，不能成为教学重点。所谓教学重点指的是教材重点内容，如教材的重点章、重点单元、重点课、重点节和重点段。由此可知，所谓重点是一个相对的概念，某项重点知识和内容，对它的上一级层面而言，就是一个"点"；反之，对下一级层面来说，它又是一个"面"。

二、讲授示范法的要求

讲授示范法应力求做到：

第一，教师要熟悉并掌握教学大纲和教材内容，讲授内容要具有科学性、系统性和思想性，要做到主题明确、判断准确、推理合乎逻辑。

第二，讲授要突出重点和难点，抓住关键，主次分明地进行论述，做到详略适宜，切忌杂乱松散、平铺直叙、空洞枯燥。

第三，讲授过程要思路清晰、层次分明、条理性强。教师讲授的仪态要端庄自然。教师讲授的仪表仪态会给学生以重要影响。教师既不可举止生硬，也不宜手舞足蹈，态度要自然大方。

第四，教师的语言要准确、清晰、简练、生动有趣、通俗易懂且具有启发性，要适合学生既有的实践经验和已有的基础知识。对新出现的术语，要先做好解释。讲述要有条理，逻辑严密，要善于用语言调节课堂气氛。课堂既要严肃认真又要生动活泼，教师讲授时，要引起学生足够的注意，使学生能认真听讲。同时讲授的速度要适当。速度太快，学生没有思考的时间，不易理解消化知识；速度过慢，则容易使学生倦怠，分散其注意力。讲述重要问题时要稍做停顿，给学生思考或记笔记的时间，而简易的问题可以讲得快些。对一堂课快慢时间的利用要预先统筹计划安排。

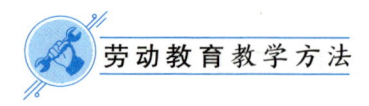

第五,讲授要与演示、实验、板书等各种教学手段相配合,以取得最佳讲授效果。

讲授要立足于发展学生的智力,注意使学生掌握发现问题、分析处理问题和解决问题的方法。

第3节 讲授示范法的方式

一、行业导师示范引导

(一)行业导师示范引导的含义

汉语中的"导师"一词源于佛教,是对导引众生修炼成佛的菩萨的通称。西方语言中的"导师"(mentor)一词可追溯到古希腊的《荷马史诗》描述的故事:奥德赛出征特洛伊战争之前,将自己的儿子托付给好友孟托尔(Mentor)。孟托尔用20年心血将奥德赛之子培养成才。后来,导师一词引申出两层含义,一是指为学生提供指导、训练、忠告和帮助的学术或知识上的指导者,二是对社会政治、思想活动的领袖人物的尊称,如革命导师。作为人才培养方法的导师制与高等教育有关,一般用于硕士生和博士生的培养。

企业中的导师制是在学徒制的基础上借鉴学校中的导师制而用于员工岗位培训的开发方法。企业导师制与学徒制的兴衰有关。学徒制起源于中世纪手工业行会组织,是培养手工艺人、传承制作加工技术和知识的一种制度安排。随着工业革命的到来,学徒制难以满足现代化大生产的人才需求,职业技术教育替代了其功能,学徒制逐渐衰微。但是,随着知识经济时代的到来,员工培训开发方法发生了变化,"进入90年代以后,西方师徒制实现了升华,由传统师徒制发展成为更加完善的现代导师制"。现代导师制已经成为西方企业十分重视的员工培训开发工具。企业导师制是指在企业中通过富有管理经验的、具有较高的专业知识和技能的资深管理者或技术专家对新进员工或具有岗位晋升潜力的员工进行岗位知识、技能和职业生涯发展等方面的传授、指导、关心和帮助的一种活动安排和管理制度。与中国古代对老师的职能认识十分一致,即"传道,授业,解惑"。企业导师制已经逐渐发展成为企业人力资源开发的重要方法。

(二)行业导师示范引导的作用

行业导师示范引导的作用主要有如下四条:

1. 职业支持功能

通过面对面、一对一的接触,导师向学员传授岗位胜任的知识和技能以及解决问题的能力,提高其工作绩效。导师还可以把学员引荐给上级管理者,介绍学员进入自己的社会资本网络。

引导服务:行业导师要发挥自身特长优势和奉献精神,把自己的绝招、绝技和经验传授给本行业、本车间、班组及周围的人,引领行业职工勤奋学习、锐意进取,掌握新知识,增强新技能,带领行业整体进步。

图 4-2 导师指导学员现场操作

指导服务:行业导师通过自己的技能展示、经验介绍、现场演示、咨询交流和实际操作,为行业职工学习交流、技术难题攻关做好各方面的指导,培养更多的优秀人才。

辅导服务:行业导师要发挥示范带头作用,注重言传身教,引领带动企业上下特别是广大职工群众深入学习先进模范的崇高精神,将精神财富化作推动高质量发展的强大动力,真正形成一人带动一群、一群带动一片的"头雁效应",争做行业标杆。

2. 心理支持功能

导师给学员提供成功行为的要求和人际关系的指导,充当学员的人际问题的咨询顾问,通过肯定和准确理解学员的行为,实现接纳与激励功能,促进其职业自我效能感和职业胜任感的发展,保护其免受负面因素的影响,提高其自主决策能力。

3. 传递行业文化功能

导师在培养学员掌握高水平的专业知识、技能的过程中,其言传身教会直接或间接地传递行业的价值观念和行为规范,导师的示范和榜样作用有助于学员接受行业文化。接受行业文化的学员才能成为组织的人,才能成为行业的合格的人才。

4. 行业知识的分享与创造

一方面,导师与学员之间是知识分享与创造关系。企业导师制是企业人力资源开发的重要方式,也是企业知识管理的有效形式。导师无疑掌握了更多的企业组织的显性的或隐性的知识,尤其隐性知识只能通过导师的行为活动等形式传递。另一方面,师生结合也是个知识创造过程,即"名师出高徒",但"青出于蓝而胜于蓝"也是知识创造。

(三)行业导师的角色定位与选拔

行业导师的职能要求决定了导师角色定位,一般来讲,导师要扮演好三种角色。一是行业文化传播的倡导者和实践者。除了企业家外,企业文化有效的传播途径是拥有知识权威的企业导师的积极倡导、身体力行。二是学员职业成长的支持者。导师要帮助学员做好职业生涯规划,在规划时加入自己的忠告和建议,使生涯规划切实可行而又充满希望,尽自己的能力支持员工的职业生涯发展,解疑释惑,指导员工做人做事。三是学员工作知识技能提升的教练员。导师作为业务领域的专家骨干要以提升员工的工作水平和业务技能为己任,利用"传、帮、带"的方式手把手地教授员工业务技能。

导师的选拔可通过书面考试、角色模拟等综合评价方法进行。依据导师特定角色的需要，导师选拔的资质条件应该符合思想品德、业务水平和指导技能三个方面的能力素质标准。思想品德方面要求导师人选正确理解企业文化的理念，为人正派、公正，爱岗敬业，具备耐心、爱心、乐于施教等素质。业务水平方面要求导师人选工作能力强、工作经验丰富，能够处理好自己的岗位职务和导师任务的关系。指导技能方面要求导师人选一是要善于表达、传授自己的知识和经验，语言表达能力和实际操作演示能力强，二是要求掌握因材施教、循序渐进等教学和心理辅导的技能，三是沟通能力较强，能处理好导师制中各个角色的关系。

（四）行业导师的主要职责

一般都是企业组织根据岗位需要和员工职业生涯发展的需要来确定学员的范围和人选。但学员和导师之间不适宜组织的强制安排，导师制中师徒的结合更适宜采取导师与学员之间的双向选择，人力资源部门起着协调的作用。人力资源部给导师提供学员基本信息和学习需求、性格倾向等信息，同时给学员提供导师名单、职位、专长、性格特点等基本信息，让双方自由选择。在导师和学员双方自由选择之前，人力资源部门要对导师和学员进行有效结合配对案例的说明，防止导师和学员仅凭个人喜好或者第一印象等进行不科学的选择。初步配对后，人力资源部要组织导师和学员进一步沟通，以便学员和导师进一步确认自己的选择，防止因信息不对称而导致事后学员和导师关系破裂的情况发生。导师与学员结对完成后，双方签订培训协议，人力资源部门进行公示并备案。实施导师制时，人力资源部门要向每个具体的导师明确其职责，包括：

第一，根据岗位和学员的不同拟定指导方案。

第二，保证学员有效参加企业安排的通用知识的培训，以减轻导师在这方面培训的压力。

第三，按照导师制指导计划有效开展指导。

第四，定期参与人力资源部门对导师制实施的评估，不断修订指导方案。

第五，对学员的工作表现和成长负责。学员确定过后，人力资源部门也要向学员明确其职责：配合人力资源部门和导师开展各项工作；尊重导师，

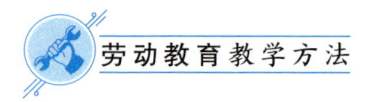

并认真完成导师分配的任务；对导师的工作进行公正的评价等。

行业导师的角色定位和主要职责决定了行业导师在所属行业知识类别上的专业性。劳动教育活动的开展需要依托行业场所或劳动教育基地，不同类别的劳动教育课程可根据内容需要邀请行业导师的参与、指导，以便更好地推动劳动教育的实施。

二、劳模工匠现身说法

（一）劳模工匠现身说法的意义

为贯彻落实习近平总书记关于劳动教育的重要论述，各有关部门将弘扬劳模精神作为重要内容纳入贯彻劳动教育的相关文件中。中共中央 国务院《关于全面加强新时代大中小学劳动教育的意见》（以下简称《意见》）中，将"把准劳动教育价值取向，引导学生树立正确的劳动观，崇尚劳动、尊重劳动，增强对劳动人民的感情，报效国家，奉献社会"作为劳动教育的基本原则之一。《意见》从劳动教育目标的角度，特别强调要加强马克思主义劳动观教育，牢固树立劳动最光荣、劳动最崇高、劳动最伟大、劳动最美丽的观念；体会劳动创造美好生活，体认劳动不分贵贱，热爱劳动，尊重普通劳动者，培养劳动精神。

为落实《意见》相关要求，教育部对新时代学校劳动教育进行具体安排，印发了《大中小学劳动教育指导纲要（试行）》（以下简称《纲要》），明确指出：劳动教育是新时代党对教育的新要求，是中国特色社会主义教育制度的重要内容，是全面发展教育体系的重要组成部分；必须将马克思主义劳动观贯彻始终，强调劳动是一切财富、价值的源泉，劳动者是国家的主人，一切劳动和劳动者都应该得到鼓励和尊重。《纲要》在劳动教育目标和内容中明确提出，要树立正确的劳动观念，正确理解劳动是人类发展和社会进步的根本力量，认识劳动创造人、劳动创造价值、创造财富、创造美好生活的道理，尊重劳动，尊重普通劳动者。针对当前学校中有教育无劳动和有劳动无教育的问题同时存在的状况，《纲要》将劳动教育纳入人才培养全过程，并提出"独立开设劳动教育必修课"，将劳动教育课程纳入课程体系中，构建全面的劳动教育体系；鼓励举办"劳模大讲堂""大国工匠进校园"等劳动榜样人物进校园活动。全国总工会也立足工会职能定位，切实扛起劳动教育的责任担当，紧紧围绕推动强化劳动育人功能，大力弘扬劳模精神（劳动精神、工匠精神），推动构建体现时代特征的劳动教育体系。在下发的《关于在全面加强新时代劳动教育中充分发挥工会组织作用的指导意见》中，强调要发挥工会组织资源阵地优势，推动广泛开展劳动教育实践活动，深化劳模和大国工匠进校园活动，推动将"劳模进校园""大国工匠进校园"活动作为劳动教育课程，着力提升劳动教育的针对性和实效性。

（二）劳模工匠现身说法的作用

1. 有利于增强劳动教育的针对性

新时代的劳动教育以马克思主义劳动观和习近平总书记关于劳动的重要论述为指导，以重塑劳动观念、劳动意识、劳动精神等为主要内容，引导学生懂得：幸福的人生，只有通过劳动才能创造；发展中的各种矛盾和问题，只有通过劳动才能化解；生命中的一切辉煌，只有通过劳动才能铸就。只有增强受教育者的劳动素质，才能实现其自身的全面发展。

图4-3 全国劳动模范、苏州太湖雪蚕桑文化园董事长胡毓芳给南京力学小学学生讲解工匠精神

（图片由金晓春提供）

劳模精神是劳动模范的劳动理念、价值情怀在精神领域的高度凝练。劳动模范通过自身的劳动，充分展示了劳动者的高尚品质、奉献精神。劳模讲授劳动教育课打破了传统说教式、灌输式教育方式，结合学生的认知需求与

学习特点,把理论教育和现实引导有机统一起来,通过现身说法,把劳模精神化为引导、激励学生奋发向上的正能量,培育学生正确的劳动观和劳动态度,引导学生将劳动作为实现自我价值的内在需要,增强了对马克思主义劳动价值观的认同。

2. 有利于提升劳动教育的亲和力

劳动教育的亲和力就是劳动教育课中所诠释出的对学生的外在的亲近感、趋同感、可接受感和内在的感染力、吸引力、说服力、渗透力,从而达到预期的劳动教育目标。劳动价值观要真正发挥作用,必须触动学生的情感,让他们在情感中感知和领悟劳动的崇高和伟大,才能消除劳动偏见。劳模是劳动精神的典型化身,学校通过制度设计和安排,使劳模成为劳动教育的教师,在课堂上用生动的语言、鲜活的表达,讲述自身的励志经历和成就梦想的故事,将其融入学生的情感世界,让学生有机会近距离接触劳动模范,聆听劳模故事、感悟劳模精神,分享他们在报效国家、服务社会中感受的快乐、获得的成长,体会他们在劳动的价值创造中获得的尊严和幸福,重新认识劳模中既有甘于奉献的普通工人,也有坚守初心的各行各业的骨干精英,劳模就是平凡的身边人。劳模和劳模的事迹可亲、可信、可学,增进了学生对劳模的情感认同,使劳动教育课程的内容生动鲜活,增强了劳动教育课的吸引力,提升了劳动教育实效性。

3. 有利于充分发挥劳模工匠在劳动教育中的价值引领性

榜样的力量是无穷的,榜样教育具有重要的价值引领。由劳动模范讲授劳动教育课,是发挥榜样价值引领的关键举措。当前,我国正面临世界百年未有之大变局和实现中华民族伟大复兴的战略全局,创新发展成为发展的第一动力,"中国制造"走向"中国智造",这就需要具有过硬的专业本领、较强的自主创新意识和创新能力的高素质劳动者。与之相适应,新时代劳动教育就要培养和造就高素质技能型、创新型劳动者。

 案例 4-1

2021年6月2日,吉林大学举办仪式,正式聘请30名全国劳动模范担任该校特聘教授。这些特聘教授将以"全国劳模大讲堂"为平台,在全社会大力弘扬"劳模精神""劳动精神""工匠精神",营造劳动光荣的良好社会氛围。吉林大学聘任的 30 名劳模代表来自不同行业，他们中既有工业领域的"国家技能大师"、大国工匠，也有从事高尖端行业的科技工作者；既有勇于创新、大胆实践的社区当家人，也有为人民健康保驾护航的白衣卫士；既有奋战在基层的一线普通干部，也有在领导岗位上开拓创新的管理者。他们生动诠释了劳动伟大、劳模光荣，展现了新时代的劳模风采。

通过劳模讲劳动教育课这种劳动教育的创新模式，为劳模"量身定制"了符合时代发展的发挥价值的平台，向学生讲解在平凡的岗位上做出不平凡业绩的生动实践，彰显了崇尚劳动、尊重劳动、用劳动实现美好未来的价值理念和鲜明导向，引导学生正确对待劳动，积极参与劳动，放大了劳模的品牌效应和积聚效应，拓展和创新了劳模价值发挥机制，在充分释放劳模价值的同时，劳模大讲堂、劳模工作室成为培养高素质人才的有效载体，使劳模价值引领效应向更大范围、更广空间扩展，劳模价值得到了更大提升。

（三）劳模工匠现身说法的具体模式

1. 学校整体规划

由于劳模讲授劳动教育课是以培养学生劳动精神、弘扬劳模精神为目的的课程，具有不同于其他课程的灵活性，学校领导高度重视，做好顶层设计，从人才培养全局做出宏观性、整体性的把握，着力构建科学的体制机制，以保障劳模讲授劳动教育课的开展。学校单独设立"劳动教育中心"，承担全校劳动教育课的授课任务。学校整体部署劳模讲授劳动教育课程安排，并协同学校相关部门共同完成劳模讲授劳动教育课的工作。学校还要加强劳动教育课程建设政策条件保障，在劳动教育课程建设经费中，单独划拨劳模讲授劳动教育课的课时经费，保障劳模讲课的劳务支出。

2. 优化劳动教育课程内容

劳模教学由聘请的全国劳模承担，在课堂上分享他们的劳模成长历程，讲授劳模精神、劳动精神、工匠精神，把三种精神作为主要内容融入课程体系进行讲授。同时，还针对不同学段、不同学科和不同专业类型学生特点，研究制订不同的劳动教育课程内容体系，选择与专业有关联性的劳模讲授相

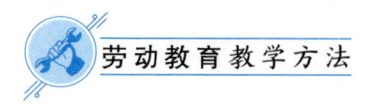

关专业的劳动教育课，提高授课的针对性和实效性。

3. 打造"劳模大讲堂"劳动教育教学模式

劳动模范、大国工匠是劳动教育课的独特资源。通过劳模工匠进校园活动，以"劳模大讲堂"的形式进入课堂讲授劳动教育课。通过考核选拔，将具有一定的理论功底、能够承担劳动教育课堂教学的全国劳模聘请为学校的特聘教授，讲授劳动教育课，将马克思主义劳动观、中国特色社会主义劳动关系、劳模精神、劳动精神、工匠精神等纳入理论教学内容。

 案例 4-2

吉林大学已经聘请 30 位全国劳模 / 先进工作者为劳动关系研究院兼职教授，如高凤林、李万君、李凯军、吴亚琴、谢元立、李万升等。同时，组织劳模工匠进校园做学生的兼职辅导员，鼓励支持劳模工匠担任学生人生导师、实习导师、职业导师。同时，收集整理反映劳模先进事迹和劳模精神的影视资料，形成不同学段、不同专题的劳动教育课程资源库，促进优质教学资源共享。

4. 搭建劳动教育实践平台

劳动教育的实践活动是实现劳动教育知行合一的重要载体，在加强新时代劳动教育中占有举足轻重的地位。为提升劳动教育实践活动的实效性，在劳动教育课程中单独开设劳动教育实践课。学校统筹相关部门，充分发挥省总工会在劳动教育中的引领作用，整合省内各行业协会、企业、社区街道等各方力量，推动成立"劳动教育实践教学基地"，组织学生参观"劳模工作室"，强化劳动教育实践导向。劳模工作室是展现劳模精神、展示劳模技能、发挥劳模示范作用的平台，是开展劳动教育实践教学的有效载体。发挥劳模工作室、技能大师工作室的示范引领作用，鼓励劳动模范、大国工匠进入校园，担任劳动教育实践活动指导教师，在劳动教育实践活动中进一步提升学生的劳动意识、劳动兴趣和创新能力。

5. 加强劳动教育和劳模精神的基础理论研究

以马克思主义劳动观为理论基础，深入研究习近平总书记关于劳动教育的重要论述，系统阐释新时代劳动教育的内涵特征、价值意蕴、手段载体以及新时代劳模精神、劳动精神、工匠精神的内涵意蕴及与劳动教育的内在逻辑契合点等,推动构建和完善中国特色社会主义劳动教育的理论与实践体系。同时,探索劳模讲授劳动教育课制度化,深入研究体现新时代劳动精神、劳模精神、工匠精神的劳动教育制度安排,加强理论研究成果的转化运用,推动构建中国特色劳动教育学科及学科体系,以厚重的专业理论基础为劳动教育学科建设及推动劳动教育进一步发展完善做出贡献。

三、专题类的新媒介

当下,互联网的纵深发展促使融合媒体不断向智能媒体转化,数字电视、网络媒体、手机媒体等新媒体形式相继发展起来,在社会生活中扮演着越来越重要的角色,成为人们获取信息和进行交流的主要方式。"媒介即讯息",处在数字新生代的学生,新媒介是他们所处的媒体环境,也是其所熟知的一种生活与社交方式,会不同程度地影响他们对世界的认知以及人生观和世界观。2020年6月30日,在中央全面深化改革委员会第14次会议上,习近平总书记强调:为推动媒体融合向纵深发展,要从深化体制改革,加大全媒体人才培养力度等层面进行不懈的工作,打造一批有强大影响力和竞争力的新兴主力、主流媒体,建立以内容建设为根本、先进技术为支撑、创新管理为保障的全媒体传播体系。因此,运用专题类新媒介产品,促进线上优质课程开发,引导学生比较、鉴别并有效地使用各种媒介进行学习和交流,在人才培养中具有重要作用。

除了借助MOOC(慕课,大规模开放在线课程)、腾讯会议、腾讯课堂、QQ等新媒体开展劳动教育教学课程,还可以借助虚拟仿真等体验感较强的新媒介创设虚拟劳动体验场景,如网上种菜、养宠物等受到越来越多的人喜爱。目前一些电竞新媒体还创设了更为友好有趣的劳动体验场景,深受受众好评。学校可以借助新媒介,尝试去开发新型劳动教育课程。

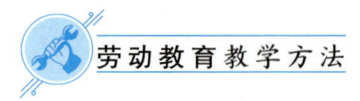

劳动教育教学方法

第4节 讲授示范法的评价

一、评价的主体

劳动教育评价是一项系统性工程，事关政府、学校、教师、学生、行业、企业等众多主体的诉求，各主体要密切协作，整体推进。在评价主体上，就要改变由教师作为单一评价主体的做法，重视评价主体间的多向选择、沟通和协商，加强学生自评、互评，教师评价和其他人员交互评价相结合的方式。评价人员要根据评价内容来确定，可以是任课教师、科代表、小组学生代表、小组内学生、实验员以及辅导教师、家长等。由于评价的主体发生了变化，使过去只是教师对学生的单向评价变成了教师、管理者、学生、家长共同参与的多向交互活动评价，这有利于确立学生的学习主体意识，对学生的学习有积极的意义。

作为劳动教育的具体执行者，教师对劳动教育有最直观的了解和全面的把握，应该在制定和实施劳动教育评价体系时发挥更加重要的主导作用，建立健全的激励制度以发挥教师的积极性，鼓励教师在劳动教育过程中发现问题，并不断完善劳动教育评价体系。学生是劳动教育的直接对象，也是具有自主行为能力的个体，劳动教育评价是否科学、评价目标是否实现，在学生群体中都有直观的反映。学生在劳动教育评价中处于关键地位，应鼓励其以自评、他评、互评的方式深度参与劳动教育评价工作，充分发挥评价主体的作用。

二、评价的内容

《关于全面加强新时代大中小学劳动教育的意见》中明确指出："学校劳动教育的主要内容包括日常劳动、生产劳动和服务性劳动中的知识、技能和价值观。"劳动教育内容的全面性要求评价内容也应具备全方位、多层次的特点。该意见明确强调要"将劳动素养纳入学生综合素质评价体系，把学生劳动素养评价结果作为衡量学生全面发展情况的重要内容"。

构建评价体系时应做到评价内容全面化，促进评价工作的科学高效。要遵循全面性原则，拓宽评价广度，多维度选取评价内容，从知识、能力、情感、行为和社会等层面多维度评价职业院校劳动教育，客观全面地反映劳动教育设计、实施、保障政策等各个环节的真实情况，确保劳动教育评价内容的全面性。以下以职业院校劳动教育评价为例来看如何构建评价体系。从职业院校角度来看，应该在校内劳动教育课程和劳动实践中依据考试成绩对学生的劳动知识和技能水平做出知识层面的评价；还要结合职业院校培养技能型、应用型人才的目标，把劳动技能和劳动创造等劳动能力层面的内容纳入评价体系，这是完善评价体系、达成劳动育人目标的重要措施。选取评价内容时还应充分考虑学生因素，要把学生参加劳动观念、兴趣、意愿、情感和精神等劳动情感层面的因素作为评价的重要内容，还要把劳动信念、态度、价值观、意识和习惯等行为层面的内容加入劳动评价体系。另外，在选取评价内容时应引入社会层面的评价内容，如相关行业企业、学生家庭对职业院校劳动教育的支持情况、影响方式及力度等，使劳动教育评价内容尽可能全面。

三、评价的方式

（一）平时表现评价

讲授示范法在劳动教育实施中教师对于学生的评价要采取多元化的方式，尽最大努力给学生提供客观真实的评价，不要掺杂主观想法。首先教师要在平时的劳动教育活动中给予学生及时评价，根据学生当时的表现给出反馈，以此来作为评价的重要标准之一。为此在日常劳动教育活动的实施中教师要全面关注学生，根据学生的表现来进行综合性的评价，包括学生的劳动态度、劳动方法、劳动习惯等。既要给予学生鼓励和表扬，也要指出学生在思想和行为上的一些不足之处，将真实的记录纳入学生综合素质档案。

（二）学段综合评价

除了平时表现评价之外，在每一学段结束之后，教师都要根据具体的学段目标和内容来给予全面综合的评价。学段综合评价要从理论课的学习和课

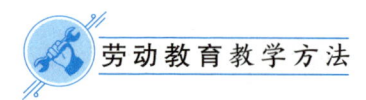

内课外劳动实践效果等方面展开分析，对于学生在劳动观念、劳动品质、劳动技能和劳动习惯等方面进行综合的评定。同时学段综合评价可以结合家长的一些想法，确保评价内容能够实现全面化；与此同时也可以让学生进行互评和自评，这些都能够作为学生今后成长和发展的重要参考依据。在学段综合评价的过程中要建立诚信机制，要求所有的教师、家长和学生的评价都要立足于实际情况，不能平白捏造。

（三）互联网线上评价

针对讲授示范法在劳动教育中的评价，教师要充分发挥互联网技术的优势，在学校的支持下创建线上评价平台。教师可以针对每一个学生建立一个线上档案，将学生每一次参与劳动活动的表现和成绩都清晰准确地记录在内。这样当需要对学生展开综合评价时，教师可以通过互联网的优势，借助大数据进行分析，针对每一个学生都可以显示一个曲线图，针对曲线图教师可以分析学生的变化，包括学生进步或者退步的幅度，参加劳动活动的态度变化和最终效果等，这样学生劳动教育的评价结果会更加具有科学依据。同时教师可以随时调取学生的信息，观察学生的变化，加深对学生的了解，及时调整劳动教育的实施方案。

思考与练习

1. 什么是讲授示范法？
2. 简述讲授示范法的要求。
3. 行业导师示范引导的作用有哪些？

第 5 章
现场参观访问法

本章导读

本章从"现场参观访问"内涵入手，介绍劳动教育的现场参观访问的目的、意义、特点、作用、程序和评价等内容，重点是流程的掌握，难点是在劳动教育中熟练掌握和运用此方法科学开展劳动教育。

学习要求

了解劳动教育现场参观访问法的内涵、目的、意义、特点和作用；掌握劳动教育现场参观访问法的主题选择依据、原则、流程和评价等内容，重点是劳动教育现场参观访问法的设计流程及其包括要素。

思维导图

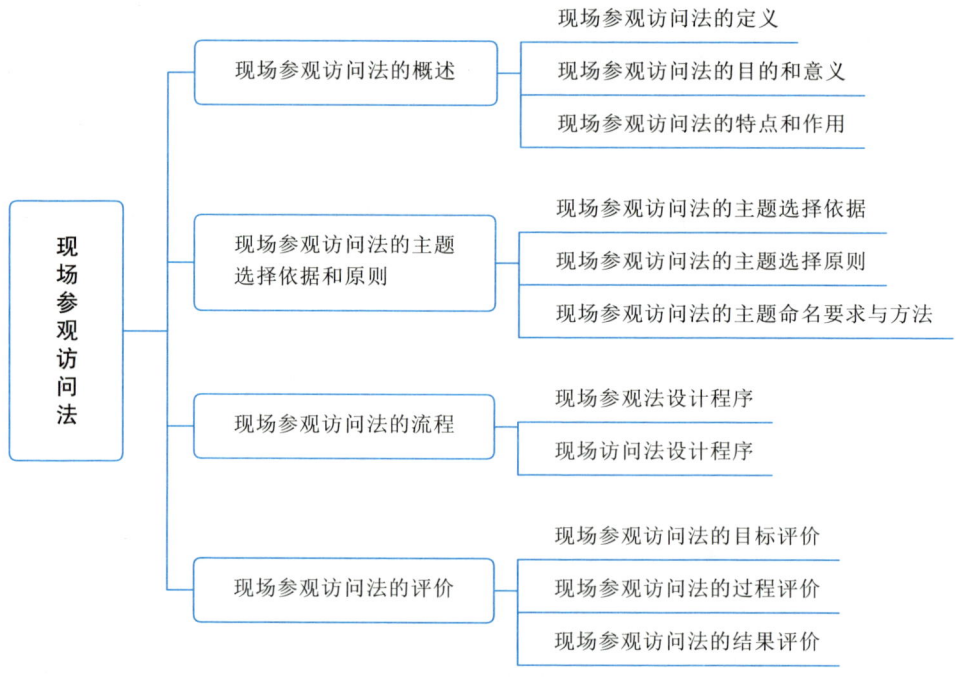

第 5 章 现场参观访问法

参观访问法是指课前，根据计划，教师有目的、有组织地让学生跨出校园，走向社会，深入生活，进行参观访问。劳动教育现场参观访问法是劳动教育教学方法的实操篇中的重要方法之一，能够从视听的角度提升学生的劳动能力和培养学生的劳动意识。

第 1 节 现场参观访问法的概述

现场参观访问法在各学龄段的劳动教育实操中既能单独使用，又能结合其他劳动方法并列使用，所以使用的频次较高，由于其具有直观互动性，所以此方法的教学效果显著。

现场参观访问法内涵

一、现场参观访问法的定义

劳动教育现场参观访问法是指劳动课程教师根据课程目标，按照课程计划，通过精心组织安排学生到劳动现场，有目的地观看劳动实践场景，按照事先编写的访问提纲或临场适时与劳动者进行问答交流，使学生从中得到启发，巩固所学的劳动知识和技能，提高劳动意识，树立正确的劳动价值观，达到立德树人目的的一种劳动教学方法。此种方法优点在于通过组织学生到特定劳动教育场所，实操性地观察和接触劳动的客观事物或劳模等，帮助学生获得劳动新知识，巩固提高和验证已学劳动知识，让学生劳动教育教学更具体、更亲切。它可使学生将劳动教育教学同实际生活联系起来，激发学生的劳动兴趣和对劳动知识追求的欲望。但也有一定的局限性，主要在于要求学生集中注意力，这对年龄小的学生来说是比较困难的事，同时还要求学生在参观的过程中收集有关资料，质疑问难，还要注意提醒和保护全体学生的人身安全和财产安全等，不可控因素较多，无法百分之百地完全把控。本方法一般应用于劳动教育的开始部分较为适宜。

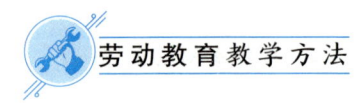

劳动教育教学方法

二、现场参观访问法的目的和意义

劳动教育现场参观访问法的总体目的是"为党育人、为国育才",其意义在于培养出未来能够担当中华民族复兴大任的时代新人,培养出全面发展的社会主义现代化建设者和接班人,是党和国家赋予劳动教育的崇高使命。

(一)现场参观访问法的目的

1. 树立正确的劳动观念,形成高尚的劳动品质

通过现场参观不同的劳动场景,访问不同的劳动对象,使学生形成对劳动与人类幸福生活、社会快速发展、个人健康成长等方面的关系的正确认识,懂得现代生活中每个人都必须劳动、只有劳动才能创造社会财富、创造当今和未来美好幸福生活等基本劳动道理;让学生深刻感知劳动的艰辛与快乐,初步让学生形成劳动需要有效率意识、劳动要保证质量的意识;培养学生从小要热爱劳动、热爱劳动人民、尊重一般劳动者的劳动成果的劳动情感;树立"劳动最光荣、劳动最崇高、劳动最伟大、劳动最美丽"的劳动观念,形成高尚的劳动品质。

2. 培育积极的劳动精神,弘扬劳模精神和工匠精神

通过现场参观不同的劳动场景,访问不同的劳动对象,培养学生的勤俭节约、艰苦奋斗、开拓创新、无私奉献的劳动精神;继承中华民族人人辛勤劳动的传统劳动精神;弘扬爱岗敬业、甘于奉献的劳模精神;追求精益求精、追求卓越的工匠精神;具备不畏艰辛、锐意进取、为党和国家建设付出辛勤劳动的踔厉奋发精神。

3. 塑造基本的劳动意识,养成良好的劳动习惯

根据不同的劳动对象和需求,选取不同的劳动场景和劳动对象,运用现场参观访问法进行劳动教育,能够培养学生自觉自愿地劳动,养成科学规范、自始至终的劳动习惯;领悟任何劳动成果都来之不易,爱惜所有劳动成果;在今后的学习和工作中能自觉辛勤劳动、诚实劳动、协作劳动和创造性劳动,养成吃苦耐劳、持之以恒、有责任有担当的劳动意识。

4. 初步发展劳动筹划思维，形成必备的劳动能力

通过现场参观访问，从目标和任务出发，使学生能够系统分析劳动现场可利用的劳动资源和基本条件，积极思考初步形成自己的劳动筹划思维，与现场参观访问的劳动者的劳动过程相比较，发现不足，思考优化和解决问题的途径，进而发展学生的劳动方案筹划能力；同时通过现场参观劳动场景和访问劳动者，观察劳动者使用的常用工具、基本设备，运用的技术、工艺与方法，完成劳动任务，学习基本的劳动能力；最终达成学生在今后日常生活与工作中能综合运用所学的劳动知识和多方面的劳动经验，优化和解决劳动中出现的问题；在劳动过程中使学生学会自我管理、团队合作等基本的劳动能力，发展学生创造性劳动的能力。

（二）现场参观访问法的意义

《关于全面加强新时代大中小学劳动教育的意见》中指出，劳动教育对学生健康成长，以及树德、增智、强体、育美等方面都有重要意义。同时劳动教育直接决定社会主义建设者和接班人的劳动精神面貌、劳动价值取向和劳动技能水平，而劳动教育重要方法之一的现场参观访问法是最直观的一种方法，对学生劳动教育有着多方面的重大意义。

1. 对于服务国家发展具有重要战略意义

历史证明，在每一个历史阶段中劳动者的整体思想觉悟高低、基本素质优劣、技能水平好差等都对这个阶段社会生产力的发展起着切实而重要的作用。在当今新一轮科技革命日新月异之际，优秀人力资源已经成为毋庸置疑的第一资源，在促进事业的发展、推动社会伟大进步方面举足轻重，因此通过现场参观访问法提升劳动者综合素质，对服务国家发展具有重要战略意义。

2. 对促进学生全面发展有着深远意义

劳动本身具有"本体、本来和本原"的教育价值，通过现场参观访问法使劳动者的劳动价值观得以建立，并且更能影响着劳动者的人生观和世界观的形成。习近平总书记曾经在全国教育大会上指出，要在学生中弘扬劳动精神，教育引导学生崇尚劳动、尊重劳动，懂得劳动最光荣、劳动最崇高、劳动最伟大、劳动最美丽的道理，长大后能够辛勤劳动、诚实劳动、创造性劳动。在劳动教育中运用现场参观访问法不仅能够较为直观地促进大学生树立

劳动价值观、掌握劳动技能，而且还有着树德、增智、强体、育美的重大作用。

3. 对丰富学生精神生活、提高精神境界有着重要意义

事实证明劳动不仅能够为学生提供丰富的精神生活素材，也能使他们拥有丰富的精神体验。劳动现场参观访问法能够深化学生对于自己幸福生活的认知，能够丰富他们的精神生活，能够从更高层次上满足当今社会学生对于精神生活的美好期待。

4. 对激发学生劳动的内驱力，提升劳动自觉性有着重要意义

激发学生内驱力，提升学生劳动自觉，是劳动教育的关键。用劳动的现场参观访问法来激发学生的劳动内驱力是劳动教育实效性的基础。事实证明学生是促进自我发展的主体，学生的劳动内驱力是劳动教育有效性最直接、最强大的动力，能够促使学生形成积极的劳动思维。从指导劳动的教师方面分析，用现场参观访问法让学生理解劳动教育对于其成长的真正价值，使其劳动教育焕发生机和活力，是提升劳动教育效果的前提。对于学生自身而言，建立对劳动教育的正确认知与浓厚兴趣，通过劳动教师的指导，直观认识并通过访问交流感悟到劳动教育的乐趣，对今后主动投入劳动、提升教育效果有着深远意义。

三、现场参观访问法的特点和作用

（一）现场参观访问法的特点

1. 现场参观法的特点

劳动现场参观法在劳动教育教学中有着显著的特点：

第一，直观形象性。劳动现场参观教学最大的特点是劳动知识具体形象化地展现在学生面前。它不仅能反映劳动的本质，还能突出某类劳动区别于其他类劳动的最核心特征。学生在观看和思考的过程中必须依托一定的具体劳动场景实物和典型劳动者才能做出较为准确的判断。传统劳动知识教学中的各个知识点往往很抽象，因为其教学内容都是一定知识的概括和缩影。现场参观法通过一些具体的劳动实践景象显现，这些直观感性的场景能够让学生通过感官直接感受。

第二，启发性。现场参观劳动实景能够最大限度激发学生的劳动求知欲，因为求知欲是一切学习的最佳动力。同样，一个学生的劳动兴趣水平也是监控其劳动学习过程的有效手段。劳动学习动机的维持受到学生对劳动知识渴望程度的控制，现场参观劳动实景能够深层次地引起学生积极探索劳动方面问题的欲望，增强学生的劳动学习动机，彰显其启发性特点。

第三，互动性。现场参观劳动教学是参观者和劳动者之间互动的有效教学模式。劳动教师可以通过与学生的互动了解学生的困惑，学生也可以通过参观掌握本次活动的教学目的。现场参观劳动教育教学一般都会设立良好的教学实践情境，学习共同体在直观劳动教学情境中展开联想和讨论，达到了教学相长的目的。

第四，目的性。现场参观劳动教育教学是辅助劳动教育教学非常有效的一种方式，它的实施就是为了增强学生对劳动的感性认识，通过增加大量的劳动实景感性知识，促进学生劳动逻辑思维能力的形成。

2. 现场访问法的特点

劳动现场访问法在劳动教育教学中的特点鲜明，主要有以下几点。

第一，互动性。在访问过程中，学生与被访问对象是通过面对面的交谈来收集学生所需信息的。在访问过程中，被问的劳动对象对不理解的问题能够提出询问，要求解释，学生亦可及时发现误差并得以纠正。在整个访问过程中，访问者与被访问者相互影响、相互作用，信息在二者之间达到了双向沟通互动。

第二，可控性。由于访问是面对面的交谈，学生和劳动老师可以适当地控制访问环境，努力掌握访问过程的主动权。

第三，灵活性。一般情况下只要没有沟通交流表达障碍，满足劳动场景需求的劳动者都可以作为被访对象，访问法可以灵活地适用于一切有正常思维能力和口头表达能力的被访问劳动者，包括文盲、半文盲和没有视觉的盲人或会手语的聋哑人等。

第四，成功率高。通过访问的形式，所提问题一般都能得到回答，即使被访劳动者对某些问题不便回答，也可以通过变相沟通交流大致了解他对此问题的态度。

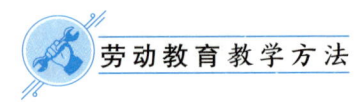

（二）现场参观访问法的作用

劳动现场参观访问法在劳动课教育教学中的主要作用是直观劳动育人作用，主要分为劳动参观获取劳动知识并受教育的作用和访问劳动对象获取劳动知识并受教育的作用。

1. 现场参观法的作用

现场参观法在劳动教育教学中主要有以下四大作用：

第一，能够起到获取劳动知识和技能的作用，因为参观劳动现实场景可以直观地获取劳动的基础知识和基本技能。

第二，能够起到提高学生劳动学习的效率作用，因为现场参观劳动实践场景，直观地开展教学能够使学生加快学习速度，提高学习效率。

第三，能够起到发挥学生学习的主观能动性作用，因为一切直观教学是集中学生注意力，调动学生主动性、积极性和组织以学生为主体学习活动的重要手段。

第四，能够起到协调助力发展学生德、智、体、美其他四育的作用。直观教学是发展学生德、智、体、美的有力手段。通过现场参观劳动实景这一正确的直观手段，可以有效地起到学生的德、智、体、美全面协调发展作用。

2. 现场访问法的作用

第一，获取劳动知识技能和科学观养成作用。劳动现场访问，是通过现场访问劳动者，实事求是进行劳动方面的调查研究，能够获取第一手劳动知识和技能。

第二，学习榜样的作用，因为劳动者尤其是劳动楷模和工匠榜样的作用与力量是具体形象的，其本身具有强大的说服力和感染力。学生对抽象的道理往往理解得不透彻不具体，但是通过与劳模和工匠等榜样对话沟通交流和议论更容易使学生产生劳动信服感，能产生最直接的、最具体的影响，留下最深刻的榜样印象。同时，榜样还可以把抽象的道德认识具体化、形象化，可以启发学生主动按劳动道德行为准则行事，使学生经常用榜样的标准来与自己做对照，主动克制自己的一些不符合道德要求的行为，并不断修正自身的缺点。

第三，答疑解惑作用。现场访问法通过学生提前准备或现场产生的问题，与受访的劳动者（劳动楷模、工匠和大师等）进行问答和讨论，能够很好地解决学生平时在劳动中产生的众多疑惑。

第四，沟通交流作用。学生通过现场访问交谈，不仅能够获取劳动知识和技能，同时也能培养自己与别人沟通交流的能力。

总之，劳动现场参观访问法在学生的世界观和科学观的养成，劳动知识技能的获取，以及学生的全面发展方面都能起到积极有效的作用。

第 2 节　现场参观访问法的主题选择依据和原则

主题是指文艺作品中或者社会活动等所要表现的中心思想，泛指主要内容。劳动教育教学方法中的现场参观访问法的主题是指针对设定的劳动教育对象，为了实现特定的劳动教育教学目标而组织的劳动现场参观访问活动所表现的中心思想呈现形式，因此劳动现场参观访问的主题选择一定要有科学依据和基本原则。

一、现场参观访问法的主题选择依据

劳动现场参观访问法的主题选取要在国家关于劳动教育的大政方针政策和各个学龄段的劳动教育教学规律的基础上，根据不同的教育教学目标，结合地方劳动教育资源，认真分析研究，精心设计，最终确定劳动现场参观访问主题，避免主题选择和设计时的盲目性、随意性，提高选择主题的可操作性，重点在宏观上始终把握落实"立德树人"这个根本任务和融入社会主义核心价值观这个大的方向不变。

（一）依据国家方针政策

1. 中央文件依据

中共中央 国务院于 2020 年 3 月 20 日印发《关于全面加强新时代大中小学劳动教育的意见》中指出："以习近平新时代中国特色社会主义思想为指

导，全面贯彻党的教育方针，落实全国教育大会精神，坚持立德树人，坚持培育和践行社会主义核心价值观，把劳动教育纳入人才培养全过程，贯通大中小学各学段，贯穿家庭、学校、社会各方面，与德育、智育、体育、美育相融合，紧密结合经济社会发展变化和学生生活实际，积极探索具有中国特色的劳动教育模式，创新体制机制，注重教育实效，实现知行合一，促进学生形成正确的世界观、人生观、价值观。"这是我们选择劳动现场参观访问主题的上位文件纲领和首选选择依据。

2. 教育部文件依据

教育部 2020 年 7 月 7 日印发的《大中小学劳动教育指导纲要（试行）》同样指出："劳动教育是新时代党对教育的新要求，是中国特色社会主义教育制度的重要内容，是全面发展教育体系的重要组成部分，是大中小学必须开展的教育活动。"要围绕强化劳动观念，弘扬劳动精神；强调身心参与，注重手脑并用；继承优良传统，彰显新时代特征；发挥主体作用，激发创新创造这四个基本理念进行主题选取。

3. 劳动教育课程国家标准依据

《劳动课程标准》（2022 年版）是教育部为了规范学生劳动课程而组织国内众多专家学者编写的新标准，也是所有劳动课程的提纲要领，更是劳动现场参观访问主题选择的最终执行标准。

（二）依据教育教学规律

劳动教育培养什么样的劳动者、如何培养劳动者和为谁培养劳动者，这是劳动教育的根本问题，受教育者应该学习哪些劳动知识和技能，具有哪些劳动思想品质，要受一定教育规律的制约。例如，劳动教育任务的轻重，劳动教学内容的多少与深浅，都是主题选择是否恰当的重要依据，要根据教育教学中的学生身心发展水平来确定。

1. 依据教育目的和任务

选取劳动现场参观访问的主题必然要以一定的教育目的和任务作为依据，是制定劳动现场参观访问的主题的根本出发点。我国的劳动教育目的是培养全面发展的社会主义建设者和接班人。劳动教学的任务既要引导学生掌握科学劳动基础知识和基本技能，发展学生的劳动才能，又要培养学生的社会主义劳动品质和劳动审美情趣，奠定学生科学世界观的基础。

2. 依据劳动教学的客观规律

从根本上说，劳动现场参观访问的主题是劳动教学过程中客观规律的精髓，而人们对劳动教学规律的认识，则是在劳动教学实践中获得的。因此，劳动教学经验越丰富，对劳动教学规律的认识就会越全面，从而更有助于制定科学的劳动现场参观访问的主题。单纯地传授劳动知识的教学是不存在的，劳动教学永远具有教育性，这是劳动教学的一条客观规律。又由于学生在参观访问劳动学习中获得的劳动知识主要是直接知识，所以劳动教学中的这些客观规律是劳动现场参观访问的主题选取的重要依据。

3. 学生的年龄特点和个性特征

学生的心理发展是有阶段性的，是以年龄为标志的。学生的年龄特征是指一定年龄段的学生身心发展方面的一般特点。它不仅反映在生理发展方面，更重要的是反映在心理发展方面。由于各年龄阶段学生的思维发展水平不同，他们的理解程度和接受能力也有所区别。

4. 循序渐进的劳动教育教学规律

学生的身心发展是有顺序性的，只有循序渐进才能促进学生身心健康发展，因为孩子从出生到成人，他们的身心发展是一个从低级到高级、从量变到质变的持续不断的发展过程。

二、现场参观访问法的主题选择原则

劳动现场参观访问法的主题选择不光要确定依据，通常还必须遵循一定的原则。劳动现场参观访问法的主题命名时需遵循以下原则：

1. 劳动育人导向原则

劳动教育现场参观访问法的主题选择运用要把握育人导向。坚持为党育人和为国育才宗旨，围绕用现场参观访问法培养未来能够担当民族复兴大任的新时代人才，着力提升学生综合核心素养，促进学生德智体美劳全面发展、身心健康成长。坚持正确的劳动教育价值取向，引导学生树立正确的劳动价值观，崇尚劳动、尊重劳动，培养对劳动的深厚感情，未来能够自觉地报效国家，奉献社会。现场参观访问法的主题选择时要把劳动育人导向原则作为首要原则。

2. 用词科学规范原则

劳动的教育属性决定了现场参观访问主题命名时必须坚持用词科学规范原则。科学规范是指一方面主题选择用词科学规范，包括选择劳动专业术语，选择已经被实践证实的结论或结果，避免选择俗语俚语，严格禁用未经证实科学假想的内容；另一方面是表述要科学，包括对劳动主题语言的陈述方式要符合学生的阅读习惯，陈述的内容思想导向要符合新时代科学认知等。

3. 表里如一原则

现场参观访问法选择主题命名时最基本的要求是主题要准确地概括本次现场参观访问的核心内容、主要精神和教育本质，做到内容翔实，观点正确，文字准确。表里如一的主题命名不仅要求文字简练、概念精确、思想清晰，还要能够十分清楚地、直截了当地向学生传递本次现场参观访问的内涵与目标。

 案例 5-1

淠史杭水利工程是新中国成立后修建的最大灌区，投工 4 个亿、建渠 5 万里、惠及 1000 多万人口，它浩大的工程、振奋的精神完全可以和闻名遐迩的红旗渠比肩，是社会主义制度下劳动人民改天换地的奋斗中十分精彩的一笔。淠史杭灌区位于安徽省中西部和河南省东南部，横跨江淮两大流域，是淠河、史河、杭埠河三个毗邻灌区的总称，是以防洪、灌溉为主，兼有水力发电、城市供水、航运和水产养殖等综合功能的特大型水利工程。时至今日，该水利伟大工程依旧发挥着防洪救灾、水利灌溉、保护生态和城市供水等功能。

据此，设计了"参观人间天河——淠史杭水利工程，探寻"淠史杭精神"为主题的现场参观访问课程。通过参观淠史杭水利工程现状，利用分组实地走访淠史杭水利工作者、当地居民了解淠史杭水利工程的宏伟和老一辈人的勤劳和智慧。人们一看到这个主题就可以推测出本次活动的教育内容的大致情况，主题和内容表里如一，一目了然。

4. 年龄区别对待原则

现场参观访问主题选择一定要根据不同年龄段的学生，坚持区别对待原则，因为不同年龄段学生的劳动教育目的和目标皆不相同，对劳动价值取向需求也不尽相同，所要解决的实际问题更是不完全相同。所以我们在现场参观访问主题选择时不能犯"一方治百病"的错误，一定要坚持年龄分层区别对待原则。

三、现场参观访问法的主题命名要求与方法

（一）现场参观访问课程主题命名的要求

现场参观访问主题命名类似每个人取名字一样，应具有鲜明的个性和特色。一个好的主题命名是一个好的劳动现场参观访问开端，可以有效地引导师生进入劳动现场参观访问情境，为开展劳动现场参观访问活动奠定基础。现场参观访问主题命名时要做到：准确规范、简明醒目、创新有趣、切实可行。

1. 准确规范性

现场参观访问主题名称要求内容准确，文字表述规范，要把劳动现场参观访问的核心内容交代清楚，与劳动教育目标相吻合。

现场参观访问主题名称要求其内涵部分既不能过大，也不能过小，要把劳动现场参观访问的对象和内容准确地表达清楚。譬如，"探寻中国传统文化"就过于宽泛无边，中国传统文化内容博大精深，我们到底现场参观访问哪种文化，让人不知其所指，更不知其意。又如"探寻少林武学文化瑰宝之劳动武艺"就准确多了，可以让师生从主题中就能清楚地知道本次活动的意图与主要内容就是学习劳动与中华传统文化武术之间的关系等。

2. 简明扼要

劳动现场参观访问主题一般是一个词语或语句，要求简明扼要特点显著。现场参观访问主题名称长度一般不要超过20字；主题名称特点要鲜明，富有创新意义；主题名称一般宜简不宜繁，宜短不宜长，尽量不使用概念化语言，

多应用形象化和具体化语言；主题名称表达方式一般符合大众阅读习惯，避免过于使用专业或学术研究性语言。譬如，大学生走进乡村看发展，走进淮河看水利，参观柳编艺术展馆，与非遗传人对话，我来安徽探访文房四宝之宣纸制作传人，挺进六安探访瓜片茶制作匠人等。

3. 创新有趣

创新是推动一切事物科学发展的重要力量，新颖有趣，不落俗套往往更能激发学生的学习兴趣。新奇的经历能够让人终生难忘，但也不能矫揉造作、哗众取宠和故弄玄虚。有趣就是有吸引力，但不能顾此失彼，要特别注意的是不能为了有趣而偏离劳动现场参观访问主题教育目标。

参观访问法在生活劳动中的主题"探访家庭物品整理收纳师"；在生产劳动中的主题"赏大师工作室，访魅力陶艺世界"；在服务性劳动中的主题"走进餐厅访名厨"等都具有独特性、新颖性、有趣性和真实性。以上参观访问法选择的主题做到了言简意赅，新颖有趣，既体现了不同性质的劳动特色，同时又具有美感和情趣，能够激发学生产生浓厚兴趣，产生急切想去参观访问劳动实地和人物的欲望和冲动，从而能够达到劳动教育事半功倍的效果，可以借鉴和拓展创新使用。

4. 切实可行

劳动现场参观访问主题名称要从学生的生活实际出发，适宜不同年龄特征的学生。因为劳动现场参观访问主题在小学、中学和大学的不同年龄段的学生都有一定使用，所以需要充分考虑到不同学生的年龄和身心特征。小学生多适合于趣味性和生活化的主题，初中生需要新颖和有挑战性的主题，高中生适合思考性更强一些的主题，大学生要选择理论研究水平高的职业性主题。需要根据不同的学情和劳动实际情境和特点选择适合的主题，既不能"我上天上摘星星"假大空式的劳动，也不能"我在地下采蘑菇"易如反掌简单劳动，要切实可行具有一定挑战性。

第 3 节 现场参观访问法的流程

劳动现场参观访问主题和目标依据相关规定,遵循有关原则,按照一定要求确定后就进入了流程设计环节,具体操作为:

一、现场参观法设计程序

(一)劳动现场参观教育教学程序

劳动现场参观教育教学程序按照时间顺序可以划分为劳动前、劳动中、劳动后三个基本阶段。根据劳动参观的每个阶段和任务的不同,劳动现场参观教育教学设计过程主要包括劳动参观前的准备、劳动参观中的教育、劳动参观后的反思评价等环节。

劳动参观前的准备是劳动现场参观教育教学的首要环节,是完成本次劳动教育课的前提。为了上好本次劳动教育课,达成劳动教育教学目标和任务,师生在开展劳动现场参观前必须做好充分准备,即制订劳动现场参观的详细方案和服务指南。

劳动参观中的教育是劳动教育过程的中心环节,是实现劳动现场参观劳动教育目标的主要手段。为了保证参观劳动教育有效地运行,既要对参观劳动教育方案严格执行,又要适度地灵活掌握,最后劳动参观后,要进行后续的跟进服务工作。这样便形成了以劳动参观前的备课为前提、以劳动参观中的教育教学为中心、以劳动参观后的务实服务为延续的全流程设计的劳动教育过程。

(二)劳动现场参观设计内容元素

劳动现场参观设计要熟悉并掌握以下内容元素:劳动教育的对象、劳动教育参观的主题、劳动教育教学目标和任务、劳动教育参观的具体内容、劳

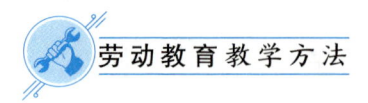

动教育其他方法、劳动教育参观的资源、劳动教育的教材、劳动参观的安全方案等元素。

（三）劳动现场参观设计方案程序

劳动教育参观方案设计程序包括初步设计方案、集体讨论方案、现场调整方案三个程序。

1. 初步设计方案

学校和劳动参观的地方共同组织专业人员围绕劳动课程目标任务，凸显劳动参观访问主题，团队初步设计劳动参观方案。初步方案设计中包括内容设计、实施流程、人员分工、安全预案等。

2. 集体讨论方案

集体讨论方案的程序：初步方案设计负责人汇报—参与组织实施的各方代表充分讨论—团队再修订完善方案—最后确定方案。

3. 现场调整方案

在劳动参观现场，按照集体共同讨论的方案，小规模地模拟学生的身份进行全流程实施方案，查漏补缺，完善方案，最终达到通过一次的方案设计，将学生、学校和参观对象等方面完整地衔接起来，使劳动教学目标和任务在学生身上充分实现，推动劳动教育参观课程设计有效实施。

（四）劳动现场参观方案设计要素

设计好劳动现场参观方案是参观劳动教育教学的前提，也是加强劳动教育教学的计划性和针对性的一部分，有利于指导劳动现场参观教师充分发挥自己的主导和学生主体作用。

劳动现场参观设计方案主要包括以下要素：主题名称、学校班级、设计人、课时、目标、内容、任务、重点、难点、工具、场景、过程、时间、地点、知识链接、项目负责人、师资配置、活动经费、安全管理等。

1. 主题名称

参观劳动教育教学的主题名称可以是该次劳动现场参观课的教学任务名称，还可以是该次课教学主要内容的总称。拟定劳动现场参观课程名称时，要选择吸引力强、容易引起学生关注的内容，要做到劳动现场参观课题名称意义表达准确、突出鲜明主题、规范言简意赅、富有时代气息。主题名称要求独特、新颖、有趣、真实,避免大、空、泛。

2. 学校班级

因为学段不同的学生的认知程度不同,掌握的现有知识储备有差异,接受劳动知识、理解新问题、解决问题的能力也不尽相同,因此教师设计劳动现场参观也要有所不同。这就要求劳动现场参观方法的设计应结合学生的身心特点,设计开发适合小学、初中、高中、大学等多个年龄学段的劳动主题,所以设计中要注意学龄层级性区别,因材施教、因人而异,使用参观不同的劳动现场进行教育教学,这样才能达到劳动育人的目的,而不能忽略学生年级段的差别,统一采用一刀切的方案设计。

3. 设计人

设计人是指参与劳动现场参观方案设计、编写的专业技术人员。设计人可以是学校劳动课程教师,也可以是劳动参观所在地的工作人员。劳动现场参观的方案设计需要专业人才引领和科学规范,只有加强劳动现场参观课设计的专业性,才能真正实现通过劳动现场参观教育培养学生核心劳动素养的目的,因此设计人的专业技术素养在整个劳动现场参观教育活动设计中至关重要。

4. 课时

本次劳动现场参观所需教育教学时间,是连续教学的时间单位,1课时就是一堂课所占用的时间。总课时是完成整个劳动现场参观教育活动所占用的时间。在劳动现场参观教育教学实践中,期间有的以课时计算,有的按劳动教育天数计算,目前尚无统一规定。劳动现场参观教育活动不同于传统的大中小学校内劳动教学课程,课时就不能拘泥于大中小学传统课时,劳动现场参观教育要根据教学内容和劳动教育教学资源情况来具体确定。劳动现场参观设计时,指导教师要对本节劳动现场参观课教学时间做好总体安排,并计划好各个劳动现场参观教学环节所需时间。

5. 目标

目标是本次劳动现场参观教育课结束后,学生应达到什么样的劳动教育教学要求和水平。劳动现场参观的教育教学目标的表述要求具有可操作性,编写劳动现场参观方案教学目标时,可以直接参考《大中小学劳动教育指导

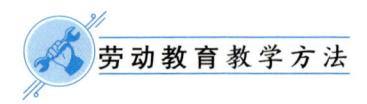

纲要（试行）》明确的劳动教育教学目标的四个方面，即劳动观、劳动能力、劳动精神、劳动习惯和品质，进行具体细化。

6. 内容

劳动现场参观教学目标决定劳动现场参观内容，劳动现场参观内容是实现教学目标的重要条件。设计劳动现场参观方案内容时，要列出该次劳动现场参观的具体内容项目，要求主题突出、言简意赅、旗帜鲜明。

7. 重点

劳动现场参观重点是依据劳动教育目标和任务，在对劳动现场参观的内容进行科学系统分析的基础上按照劳动教学目标规定必须掌握和理解的最基本、最核心的劳动教学内容，一般是劳动现场参观教育课程所述的最重要的方法、原理、规律、过程等，是劳动现场参观教育思想或劳动现场参观教育特色的集中体现。对劳动现场参观教育重点的把握是劳动现场参观教育课程必须达成的目标，也是劳动现场参观教育设计的重要内容之一。

8. 难点

难点是指学生现有知识储备水平不能充分理解和掌握的相关内容，以及由于劳动现场参观准备不充分的内容。在一般情况下，使大多数学生感到困惑的劳动现场参观内容，劳动现场参观的教师要尽力运用各种有效办法加以解决，否则不但这部分内容学生看不懂学不会，还会给理解以后的劳动教育内容产生困难。难点的分析确定，是非常重要的设计步骤，它为劳动现场参观前期准备和参观过程设计中的时间分配，以及劳动现场参观资料准备提供依据。

9. 工具

工具指的是劳动现场参观教育过程中所用某些事物或者某个参观过程中的模型、实物标本、仪器、图表、多媒体等，包括劳动现场参观的教学设备、教学仪器、实验设备、教育装备、教学标本、教学模型等。

10. 场景

场景是指为了特定劳动对象，完成特定劳动现场参观教育教学任务而设定或选取的特有的主题现场景象，是劳动现场参观法实施的客体。

11. 过程

过程是劳动现场参观教育的教师对整个教学过程的预期设想以实景再现的形式体现在活动中，也是整个劳动现场参观教育最核心的部分，是劳动教育教学的主要内容。

12. 时间

时间是指劳动现场参观出发时间，要求精确的年、月、日和几点、几分。

13. 地点

劳动现场参观具体地方，包括集合地方、劳动现场参观的目的地和食宿地等，是必须明确的，在实际设计过程中是首先考虑的内容之一。

14. 知识链接

根据不同的劳动教育教学对象和需要完成的目标任务，通常在劳动现场参观是要适当配备相关劳动知识链接，提升劳动教育教学质量。

15. 项目负责人

项目负责人是指劳动现场参观的具体负责工作的相关人员，分为总负责人和各分项负责人等。

16. 师资配置

师资配置是指劳动现场参观的师生比，一般规定劳动师生比为 1∶20 较为科学合理。

17. 活动经费

活动经费是指劳动现场参观所需活动费用，通常分为交通费、场地器材费、劳务费、保险费、食宿费和其他费用等。

18. 安全管理

安全管理是指在劳动现场参观的全过程中师生的人财物和参观所在地人财物的安全管理，是劳动现场参观过程设计重点。

二、现场访问法设计程序

劳动现场访问法设计程序与劳动现场参观设计程序基本相同，唯一需要重点添加的事项就是访问提纲的设计，其他流程与劳动现场参观设计相同。

案例 5-2

参观访问主题：小村长计划——了解三农

活动地点：阜阳市太和县东光庄里村

活动地简况：村子占地100余亩①，村民70余人，以老人和孩子为主，年轻人几乎都外出务工。

参加活动学生情况：阜阳市绿色实验中学四、五、六、七、八年级学生。

学生特点：

1. 来自乡村留守儿童，在城市寄宿学校上学。

2. 他们被父母寄存在城市学校。虽然来自乡村，但他们与土地割裂，甚至不认识小麦、稻子、高粱……

3. 虽然有家乡，但却与"村庄"隔离，所以并不了解乡村的人文环境，也不了解农村、农业和农民，乡土情感淡薄。

分组情况：每组8~12人

参观访问内容：

1. 了解该村从事农业劳动人口年龄结构，采访爷爷奶奶的故事，了解村史、传说、乡土风俗风貌。

2. 了解使用农业劳动工具情况及传统农业种植方式和智慧，了解村里生态种植的现状，以及农业种植秸秆处理的方式。

3. 了解农村交通情况，以及村民对本村未来发展的愿景，为新农村建设设计收集素材。

活动目标：

1. 树立正确的劳动观念。让孩子"亲历三农实践"，真正了解农村、农业和农民，让孩子爱上我们这块土地和人民，促进孩子正确劳动价值观的形成。

2. 培育积极的劳动精神。主动了解农村交通和农业劳动工具现代化情况，让孩子积极根据自己的知识储备对目前农村和农业存在的问题提出建设性建议，通过鼓励孩子解决现实中的三农问题，提升孩子不断钻研的劳动精神。

---

① 1亩≈667平方米。

第 4 节 现场参观访问法的评价

劳动现场参观访问法的评价是对劳动现场参观访问活动进行的价值判断过程，旨在对现场参观访问的教育功能产生导向、调控、诊断、激励、发展、研究的作用，应该主要从现场参观访问法的目标、过程和结果等方面进行全面评价。

一、现场参观访问法的目标评价

劳动现场参观访问法运用的劳动教育教学目标既是劳动教育教学的出发点、也是终极，它是劳动教育教学的灵魂，支配着劳动教育教学的全过程，并规定着劳动教育教学的方向，因此劳动现场参观访问法的评价必须进行目标评价。

（一）新时代劳动教育的总体目标

在教育部印发的《大中小学劳动教育指导纲要（试行）》中明确指出的总体目标是"准确把握社会主义建设者和接班人的劳动精神面貌、劳动价值取向和劳动技能水平的培养要求，全面提高学生的劳动素养，使学生树立正确的劳动观念，具备必备的劳动能力，培育积极的劳动精神，养成良好的劳动习惯和品质"。这是运用劳动现场参观访问法需要实现的总纲领，评价的重心。

（二）对劳动现场参观访问的具体目标评价

劳动现场参观访问具体教育教学目标要体现在提升学生劳动核心素养的理念上。从劳动课程分析，它绝非单纯地传授劳动知识和技能，而具有树德、增智、强体、育美和创新多层面育人价值。劳动教育教学具体目标的确定，要在深入理解党和国家关于劳动教育的顶层设计和全面部署，明确劳动的育人价值与育才功能，根据不同地方和不同类别的学校地域劳动资源、劳动教育基地资

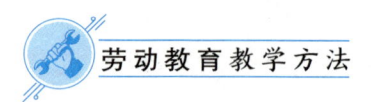劳动教育教学方法

源和劳动师资队伍建设等条件，结合具体劳动课程设置和学生情况，将劳动教育目标划分到每个劳动教学中，运用劳动现场参观访问法来实现这一目标，对受教育对象该目标达成度进行评价，建议权重为总体评价的 30% 占比。

二、现场参观访问法的过程评价

劳动现场参观访问法的过程评价是指师生为共同实现劳动教育教学目标和任务活动过程中的综合表现，进行定性和定量的评价。劳动现场参观访问过程评价要重点关注以下几个方面。

（一）需求与教学的切合评价

劳动现场参观访问法运用的劳动教育课程教什么，怎样才能为受教育学生提供最适合的现场参观访问劳动教育，是劳动现场参观访问法的评价核心问题。劳动现场参观访问要以学生的成长和发展为核心，应该体现新时代特征和学生身心健康发展的特点，特别是科技、经济、社会、政治和文化快速发展带来各方面的挑战，更要求对劳动现场参观访问法的评价要切合产业中的新业态、劳动的新形态进行综合评价。

（二）劳动现场参观访问法的创新评价

因为劳动课程因本身具有实践性和综合性特征，需要更加丰富且有教学方法的创新性，避免传统劳动现场参观访问法重观看讲解轻访问研讨、重知识轻能力等问题，学校根据不同的劳动类型和不同的学生受众群体的身心特征和教育教学目标进行劳动现场参观访问法的创新，这样学生会更乐于学习，具有持续学习劳动知识和技能的内在动力，最终实现培养学生全面发展为目的，建议权重为总体评价的 40% 占比。

三、现场参观访问法的结果评价

现场参观访问结束后学生对自我目标达成进行定性评价，对自己获取的劳动知识和技能进行定量评价，已经受访对象和组织方对学生进行综合性定

性和定量评价，着重分析劳动现场参观访问法在本次劳动教育教学活动中的最终结果，建议权重为总体评价的 30% 占比。

总之，本章全面阐述劳动现场参观访问法的基本概念、含义、目的和意义、特点与作用，以及在学生劳动教育教学中选用的依据、原则、流程和评价等相关内容，能够有条不紊地为学生劳动教育教学者提供理论和实践服务。

思考与练习

1. 什么是劳动教育现场参观访问法？
2. 劳动参观访问法的程序有哪些？
3. 你们学校开展了哪些参观劳动？说说你的亲身感受。

第 6 章
情景角色体验法

▍**本章导读** ▍

本章主要介绍情景角色体验法的内容,明晰情景体验教学法与角色体验法的内涵,从理论依据拓展至实践原则,延伸评价体系,重点在于掌握情景角色体验法的应用原则,难点在于理解情景体验教学法的实施过程。

| 学习要求 |

了解情景体验教学法的理论依据与角色体验法的应用原则；理解情景体验教学法和角色体验法的内涵；掌握劳动教育情景体验法的应用原则，知道情景体验教学法是如何实施的，并且形成完整的情景角色体验评价思维框架。

| 思维导图 |

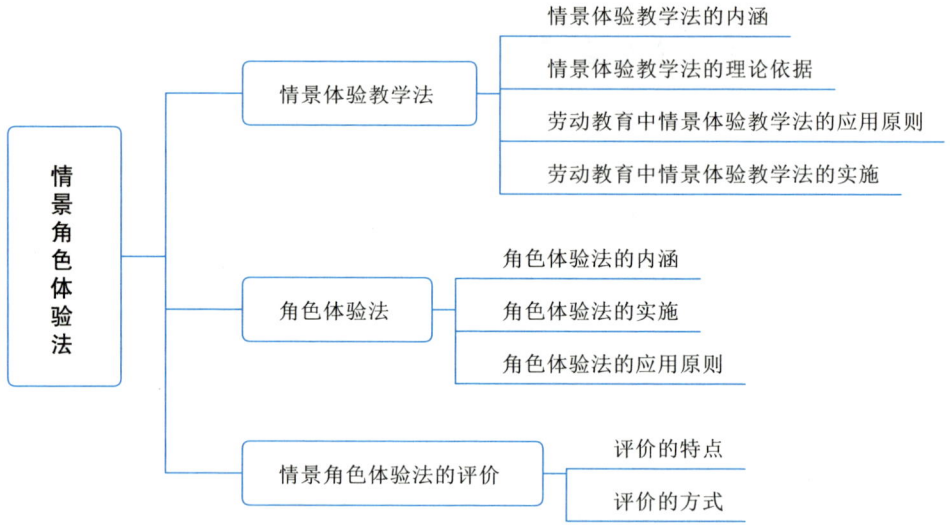

大量实践证明，情景模拟与角色体验学习对提高学生参与劳动体验的积极性具有极佳效力，学生在设定的情景中体验劳动角色，分工合作，相互学习，可有效培养其团队协作能力，提升其自学能力，促进学生自觉发现问题并分析、解决问题，在此基础上，学生可以更好地理解与掌握劳动教育相关内容。

第1节　情景体验教学法

一、情景体验教学法的内涵

随着《大中小学劳动教育指导纲要》的颁布并实施，全社会开展劳动教育并有意识地增强学生的劳动能力，让学生更好地了解劳动文化，感受劳动的乐趣，树立长远的劳动意识，引导学生养成热爱劳动、尊重劳动的价值观念。而开展劳动教育的载体，诸如各类工厂、田间地头、基地营地就成为对学生进行劳动教育、人格完善的"大课堂"。要让学生目之所及的地方都渗透着劳动教育的信息，就需要塑造出一个好的劳动场景。

让每个沉浸在劳动场景的学生自然而然体验并接受熏陶，通过创意的加持，营造出学生喜闻乐见并可以亲身感知的劳动环境氛围，携带劳动的文化基因，塑造独具魅力的品质空间，增强劳动的吸引力，让劳动场景中的每个元素都"会说话"，让劳动教育的场景变成可以让人感知体验的特定场景，从而激发学生的劳动热情，塑造更加美好的劳动体验。可以说，学生在不同的劳动场景下会获得多元化的体验。

劳动情景的设计与建构就是新时代劳动中环境育人的重要创新。

情景体验法是指在劳动教育教学过程中，课程设计者借鉴场景理论的相关研究成果，以文化创意为引领，辅以生动的文学语言，有目的地引入或创设具有一定文化色彩的形象、生动、具体的劳动场景、情景和意境，以激发学生产生一定的情绪体验，从而帮助学生更深刻理解劳动教育内容，并使学生的身心、情感、价值观得到全面提升的教学方法。

情景教学的功能主要表现在两个方面：陶冶功能和暗示（启迪）功能。情景体验教学法是利用各种手段为学生创设一种劳动教育的环境。在相应的环境中介绍后续的教学内容，增加学生的代入感和趣味性，更好地吸引学生的注意力。劳动教育中的情景体验教学法就是设法创设各种生动有趣、贴近学生生活的情景，吸引学生的注意力，调动他们的积极性，使他们寓乐于学、寓学于乐、学有所乐、学有所得。情景教学在培养学生情感、启迪思维、发展想象、开发智力等方面确有独到之处，与传统的教学方法相得益彰。

因此，教师要建构、创设真实的生产、生活情景，确保劳动目标、劳动任务、劳动过程，以及劳动成果的真实性，为高效地体验劳动和探究劳动创造条件，同时要对劳动中出现的各种问题进行总结并加以引导提升，以激发学生的好奇心、探究欲和求知欲，培养学生的劳动兴趣。

二、情景体验教学法的理论依据

（一）情感和认知活动相互作用的原理

情绪心理学研究表明：个体的情感对认知活动至少有动力、强化、调节三方面的功能。

动力功能是指情感对认知活动的增力或减力的效能，即健康的、积极的情感对认知活动起积极的发动和促进作用，消极的不健康的情绪对认知活动起阻碍和抑制作用。情景体验教学法就是要在教学过程中引起学生积极的、健康的情感体验，直接提高学生的学习积极性，使学习活动成为学生主动进行的、快乐的事情。情感对认知活动的增力效能，给我们解决目前学生中普遍存在的学习动力不足的问题以新的启示。

情感的调节功能是指情感对认知活动的组织或瓦解作用，即中等强度的、愉快的情绪有利于智力操作的组织和进行，而情绪过强和过弱以及情绪不佳则可能导致思维的混乱和记忆的困难。情景体验教学法要求创设的情景就是要使学生感到轻松愉快、心平气和、耳目一新，促进他们心理活动的展开和深入进行。

（二）认识的直观原理

从方法论看，情景教学是利用反映论的原理，根据客观存在对学生主观意识的作用进行的。而世界正是通过形象进入学生的意识的，意识是客观存在的反映。情景教学所创设的情景是人为有意识创设的、优化了的利于学生发展的外界环境，这种经过优化的客观情景，在教师语言的支配下，使学生置身于特定的情景中，不仅影响学生的认知心理，而且促使他们的情感活动参与学习，从而引起他们本身的自我运动。

（三）人的认知过程是智力因素与非智力因素（理智活动与情感活动）统一的过程

教学作为一种认知过程，智力因素与非智力因素统一在其中。否则，人们常言的"晓之以理，动之以情"就失去了理论依据。在劳动教育这种特定情景中的人际交往，由教师与学生的双边活动构成，其中师生间存在着两条交织在一起的信息交流回路：知识信息交流回路和情感信息交流回路。二者相互影响，彼此依存，从不同的侧面共同作用于教学过程。知识回路中的信息是教学内容，信息载体是教学形式；情感回路中的信息是师生情绪情感的变化，其载体是师生的表情（包括言语表情、面部表情、动作表情等）。无论哪一条回路发生故障，都必然影响到教学活动的质量，只有当两条回路都畅通无阻时，教学才能取得理想的效果。

（四）人的认知是有意识心理活动与无意识心理活动相统一的过程

意识心理活动是主体对客体所意识到的心理活动的总和，包括有意知觉、有意记忆、有意注意、有意再认、有意重现（回忆）、有意想象、有意表象（再造的和创造的）逻辑和言语思维、有意体验等。但包含如此丰富内容的意识心理活动不能单独完成认识、适应和改造自然的任务。情景教学的最终目的在于诱发和利用无意识心理提供的认知潜能。

三、劳动教育中情景体验教学法的应用原则

劳动教育情景设计应该基于人的体验活动，从时间、空间的维度展开，其设计应该遵循"四因原则"。

（一）因地制宜

劳动教育情景的设计需要对开展劳动教育的场所和环境、人文历史等特点进行深度的考察，基于学生的体验，合理地利用当地资源，将当地的民俗风情、传统文化、特色文化有效地融合创建场景空间，遵循当地原有的生态环境和原生文化，围绕着各地不同的自然资源和人文资源进行课程设计，同时突出当地劳动文化的原真性，拓展时间与空间的界限，创设独特的劳动场景，丰富劳动体验的内容，增进劳动教育的效果。与此同时顺应时代发展的要求，将数字化等技术运用于体验中，拓展时空的边界，丰富劳动体验场景的时空边界。

图6-1 学生室内劳动体验活动

（二）因师定教

劳动体验整体阶段和时间段都有不一样的使命和要求，一个优秀的劳动教育教师要具有较强的综合能力。教师是完成劳动体验全过程的主导者、执

行者，是完成体验全流程的设计组织引导者和推动者，是体验过程情绪氛围的营造者和体验全过程的服务者。

在劳动教育情景体验法的应用中，如何处理好人和环境的关系是课程设计者需要考虑的问题。由于参与劳动体验的同学的年龄、地域、文化、心理等方面的差别，他们在劳动过程中的感知和理解也会有所不同。因此，体验场景环境的设计要充分考虑这些差异。

（三）因时制宜

课程设计者要根据不同的季节、不同的气候创造出实效强的独具特色的劳动场景景观以及独特的劳动体验。如在夏天的夜晚，设计夜体验、夜景观、夜活动、夜表演等独特的全感官体验活动。根据体验的时间进行情景的布局，根据场地环境的地形条件以及产品进行规划，形成合理的分区及劳动体验的时间间隔，增强高峰体验感。

（四）因陋就简

在一些不具备人文和自然景观的环境下开展劳动教育活动时，劳动教育课程的设计应该选择最佳的观赏点，以扬景之长避景之短达到最佳的环境氛围的效果。劳动教育情景设计的最大价值在于让参与者可以从不同的角度发现、感受、体验身边环境，产生共情、共振和共鸣。由此，要对劳动教育开展的目的地进行详细的现场勘查，在合适的地段布置合适的项目。所有建筑的特色及建筑的尺度要让位于环境，而在没有环境吸引力的普通区域，要突出建筑的个性。

通过环境的设计，要做到有入景，入景要新奇，引人入胜。景致有展开，展开有惊喜，让人流连忘返。景致设计有高潮，高潮在兴致最浓之际，有共鸣有升华。景致要有结尾，结尾应该明快响亮，给人留下深刻记忆，形成抑扬顿挫、高低起伏、移步异景的强烈的体验感。

四、劳动教育中情景体验教学法的实施

采用情景体验教学法，一般说来，可以通过"设定主题—构建场景—创

设情景"三个阶段来实施。

（一）设定主题

主题的确定是由劳动体验活动的特殊性决定的。只有有魅力的主题，才能够吸引当下参与劳动体验的学生积极全身心地参与，才能够给予他们最深刻的劳动体验感受。可以根据参加劳动教育的学生的情况和自身的资源条件设计多个分情景主题，以满足不同年龄的学生的劳动需求。

第一，根据不同的节庆时间设定情景体验主题。如元宵节做元宵，制作古法灯笼，制作灯谜，端午节包粽子，五一劳动节"我爱我家，家庭大扫除"等。节庆劳动主题要有很强的实效性，主题活动时间一般以一周左右为宜。

图 6-2　秋收主题活动标语

第二，从资源的空间角度出发进行劳动教育情景主题设计。进行空间主题设计时，要根据目的地的资源条件，挖掘当地最有特色的资源，打造最能体现当地文化特色、最贴合劳动教育项目的资源的情景主题。对于人文资源丰富的区域，以文旅融合为战略指导，挖掘和提炼当地的文化资源，把最具特色的文化作为重点打造内容，打造农耕文化、酒文化、诗词文化、红色文化、民俗文化等主题。对人文资源特色不明显的区域可以进行创意打造，如打造科技劳动体验主题、水果主题等。要充分考虑以人为核心，围绕着人的劳动体验进行情景设计。

第三，基于五感六觉的情景体验设计。要想给参与者非同一般的体验，自然的劳动风光只是基础，劳动视觉体验需要对自然的风景进行重组，重组后的景色应该主题鲜明，既有统一感，又有层次感和变化感。文化是情景体验的灵魂所在，"十里不同风，百里不同俗"，每个地方都有自己独特的文化景观，对学生有很强的吸引力。我国是一个多民族国家，特别是少数民族的特色习俗，如饮食、音乐、服饰、仪式等体现民族特色的符合元素非常丰富。做劳动情景设计时，多挖掘并传承我国五千年的文化，总体构建丰富的景观系统，给劳动体验者非凡的体验。

基于五感六觉的情景体验设计

（二）构建场景

图 6-3　户外劳动体验场景

场景常指戏剧电影中的场面，泛指情节，也指在特定的时间空间内的活动，或者因人物关系构成的具体画面是通过人物活动来表现剧情的一个特定过程，从影视的角度讲这是不同的场景组成了一个完整的故事。

社会心理学的场论认为人的心理和行为取决于内部需要和环境的相互作用。劳动教育情境体验法的应用的前提需要构建一个劳动体验场景。劳动体验场景指劳动发生在其中的宏观环境，包括现实环境和虚拟环境。场景具有时空性，蕴含情景与互动的意义，融合了自然资源、人文景观、地方民俗等资源。对劳动教育的情景体验来说，既要根据现有的资源创设场景，又要虚设一些未来的场景。劳动体验场景贯穿整个劳动教育的过程，并影响劳动体验的整体质量。①

劳动教育场景的设计要包含设计主体所要求的全场景，包括空间以及空间里的听觉、视觉、嗅觉、味觉、触觉五感氛围的营造。劳动体验场景设计主要是根据主题内容以及项目的资源属性来确定的。基于劳动资源的场景创设，根据实际需求，分为工业、农业、服务业、体验业的场景。要有故事、有主题、有人物，最终设定新的情景，因此场景设计从两个方面展开，一个是基于现有劳动资源的场景设计，另一个是基于互联网及现代技术的虚拟现实场景创设。

虚拟劳动场景是基于数字化互联网构建的新场景，应用数字化技术、声控、光电感应等虚拟现实技术，利用全息投影、互动投影、VR 技术、裸眼 3D 虚拟现实等诸多前沿技术，实现了科技文化的完美融合，创造具有无限可能的劳动体验新场景和重现消逝的劳动场景。特别是数字化技术与文化创意结合产生的新体验，让参与者在参与虚拟劳动体验活动的同时，有了身临其境的感受，超越了时空的边界，给他们带来非常强烈的体验感，让他们在虚拟的情景中获得极致的体验，促进了数字化技术和劳动教育融合的创新发展，形成新观念、新业态、新产品和新的劳动教育模式。

参与者可以在网络平台上使用特定的设备进入虚拟的场景，通过多种交互设备，如头盔、数据手套和器械等，在虚拟的环境当中，进行劳动的视觉、听觉、触觉、嗅觉、味觉等多方面的真实体验，或者与其他的参与者进行合作互动。在现实资源的基础上，通过全息投影、互联网等构成一种超现实场景，诸如主题餐厅、主题农场、主题工业馆、主题博物馆等数字化的虚拟体验空间，实现现实与超现实并存，线上与线下并存。

（三）创设情景

在新时代背景下，劳动教育回归以人为本的情景体验。这就对劳动情景

---

① 盛建华，肖沛宇，程进，等.体验旅游学［M］.北京：中国标准出版社，2021.

体验的设计者提出了更高的要求。关键在于教师精心设计情景,备好情景教学课,切忌粗制滥造,或画蛇添足。

运用情景教学,首先需用"着眼发展"的观点,全面提出教学任务,而后优选教学方案,根据教学任务、班级特点及教师本人素质,选择创设情景。可通过生活展现情景、实物演示情景、图画再现情景、音乐渲染情景、表演体会情景来进行情景创设。以上所述创设情景的五种途径,都是运用了直观手段。情景教学十分讲究直观手段与语言描绘的结合。在情景出现时,教师伴以语言描绘,这对学生的认知活动起着一定的导向作用。语言描绘提高了感知的效应,情景会更加鲜明,并且带着感情色彩作用于学生的感官。学生因感官的兴奋,主观感受得到强化,从而激起情感,促进自己进入特定的情景之中。

微课:情景体验教学法实施的三个阶段

第 2 节　角色体验法

一、角色体验法的内涵

学生劳动教育的角色体验法(以下简称"多角色体验法"),就是按照劳动教育目标和任务要求,有计划、有步骤、系统地引导、安排和组织学生深入劳动体验和承担劳动教育中的不同角色,体验不同角色的内涵、责任和道德需要,从而形成对劳动关系中的不同角色的深刻理解和全面认识,以此促进良好劳动意识的形成和良好道德行为及习惯的养成,使学生能独立、主动和科学地分析与处理面临的生活困惑的一种体验式教育教学方法。[①]

将劳动教育的教育内涵融于生动的情景中,并鼓励学生去体验劳动情景中的角色,有利于激发学生的主体作用,充分发挥了他们的创造能力和表演

---

① 王天瑞."角色体验式"教学法在高职教学中的应用[J].濮阳职业技术学院学报,2019,32(6):5.

天赋。在劳动教育中让学生担当扮演劳动教育中学生向往的角色、历史的角色或者现实生活中的角色，在角色意识的驱动下，带着强烈的情感色彩，积极地体验角色、表现角色、经历角色的思维和系列的操作活动，从而使学生从教育教学的被动角色一跃成为主动的角色，从而提高劳动教育教学的实效性和感染力。

（一）角色体验的教学设计分类

角色体验的教学设计可分为问答式角色体验法和参与式角色体验法两种。

1. 问答式角色体验法

问答式角色体验法通过与学生即时的问答来完成，师生间的问答是零碎的、即时的，需要通过劳动时学生之间、师生之间思维的碰撞来逐步接近问题的核心，而参与式角色体验法学生的参与是完整的，甚至经过加工或精心设计的。

劳动当中的所有问题都存在于一个特定的劳动情境中，需要学生站在参与者的角度，真正理解劳动的意义，有效培养自己的劳动思维能力。教师根据劳动教育教学目标的需要抛出"如果你是××人，你会怎么（想、做……）？"的问题，从而引发学生的思考和讨论。这种句式的问题要求学生置身于特定的环境、条件下去感受、思考或探索解决问题的办法。在这个过程中，学生肯定有对劳动条件估计不足或者估计过高的情况，这就需要教师给予回应和纠正，引导学生一步一步地接近真实的情景。

这个过程就像走迷宫，在不了解具体劳动的目的和意义的情况下，学生会提出多种可能性，而教师就是那个提示他此路不通的人，最后再一步步引导他们走上正确的道路从而接近终点。当然，在这种课堂讨论中，答案是开放式的，不是唯一的。它的目的在于通过学生的思考、讨论以及与教师的互动，使学生理解作为劳动参与者的目的和意义以及时代赋予的要求。同时，学生也可以通过尝试解决劳动中产生问题，提高对现实中出现的问题的判断能力和解决能力。

2. 参与式角色体验法

教师设计特定的劳动情景，并设定一个主题，学生选择不同的劳动角色代入参与，在经过劳动的小组分工、讨论、体验、演绎等环节后，以角色劳动实际体验、情景剧等多种表现形式来回应教师设定的情景角色。

问答式角色体验法所提的问题相对比较简单，学生在没有准备的情况下也可以参与讨论，而参与式角色体验法所提的问题相对较难，学生须完成劳动的认知、体验、整理、加工等程序才能得出结论。

问答式角色体验法可以在劳动教育课堂上经常使用，以活跃学生思维，调节课堂气氛，而参与式角色体验法从课外准备到劳动体验都需要花费比较多的时间，有相对复杂的程序。

（二）劳动角色体验的特点

劳动角色体验就是学生在劳动实践的过程中对事物的认知而获得的直接的深刻的经验，呈现以下 3 个特点：

1. 个体的差异性

在劳动角色体验中，学生的体验更多是扮演一种劳动角色，不受其真实的年龄、身高、体重的限制，通过角色体验满足对心中理想角色塑造的需求，从而产生一种获得感、满足感和成就感。每个人的体验各不相同，因为任何一种体验其实是某个人本身心智状态和事件互动作用的结果，受个体的成长环境、生活经历、文化素质、性格情绪等方面的影响。同一个人对同一个事物的体验，会因为当时的情绪心情、身体状态呈现不同的感受，每次体验都会有截然不同的感受。

2. 参与的互动性

人不是单一的角色，而是具有生物性和社会性的多重性角色。劳动角色体验需要高度参与和互动，体验与人的认知世界以及自我生命息息相关，体验反映了人的世界观、人生观、价值观，角色体验是应有生命在场的交流，是关乎所有参与者的心理体验、体悟、觉察、醒思与觉悟以及内化感悟提升的过程。内在的激励因素决定行为，外在的环境也影响行为，一个人参与事件活动，当他的情绪、体力、智力，甚至是精神都达到某一特定水平时，其意识中将会涌现出一种美好感觉，亲身经历与外界的互动，将会使其对世界形成全新的认知和感悟。

3. 体验的印刻性

体验会在人的大脑留下深刻的印象。在精心设计的场景中，人们全身心地参与会产生极致体验，并留下难忘的回忆。参与者在劳动角色体验中，体会理性和感性的双重支配，经过在感官场景情节方面的精心设计，参与者产生愉悦、兴奋、纠结、疲劳、困惑、刺激、回味等强烈的心理感受，其情绪被充分调动，将获得每个角色不同的体验价值，增强对所扮演的角色的体验感和真实性。

二、角色体验法的实施

（一）寻找文化背景，塑造角色印象

在组织劳动教育的角色扮演之前，需要对当地的文化背景进行一个充分的调查。对于任务资源底蕴深厚的区域，挖掘和提炼当地的文化资源，将最具特色的文化作为重点设计的主题，比如是红色文化还是民族非遗，是工业文化还是农业文化，是酒文化还是水文化，相关的历史渊源又是什么。再精准定位目标人群，如目标人群的年龄、性别，在中国的北方还是南方、沿海还是靠近山区，城镇还是乡村，重点学校还是一般学校，都有着很大的区别。精准定位到不同的人群才能匹配好所赋予的劳动角色。

根据开展劳动教育的当地资源和整体的教学目标，创设多种人物性格的劳动教育的剧情。所有的劳动角色和体验都要围绕这个主题展开，并根据剧情塑造角色印象，如在红色文化劳动角色扮演中，穿一套红军装，做一顿红军餐，动手搭建并住一晚红军帐篷，体验一段红军挑粮小道，合唱一首红军歌，参演一场激情燃烧的岁月篝火晚会，听老红军讲一段过去的故事。全程中有一段时代感很强的背景音乐，如《闪闪的红星》《映山红》《七律·长征》《送战友》《十送红军》等通过色彩、音乐、味觉、触感等多方面营造出强烈的感官刺激。如爬雪山、过草地，在精心设计各种文化场景中，突出高参与强互动的特点，体验红军不怕远征难、万水千山只等闲的英雄气概和不怕吃苦、不怕流泪的拼搏精神。带着笑，淌着汗，流着泪，将教育融入剧情、劳动，全程体验感悟和反思提升。

（二）设计体验点，创造体验峰值

社会学家与心理学家发现，一次体验是否会给人留下深刻的记忆，取决

于以下两点设计，一个是最震撼的环节，另一个是结尾。也就是我们常说的峰值和终值。我们在回忆一段劳动的经历时，首先会想到的最深刻的、最震撼的部分，比如说一个感动的瞬间，一口美味的小吃，一个百思不得解的问题的茅塞顿开地解决。所以这个要集中精力设计好。此外就是结尾。给一次体验留下一个美好的结尾，效果就会成倍地增加。如农村特色劳动课：水稻知识科普、割稻意义讲解、割稻子的方法、安全注意事项、扎稻草人的体验点，让孩子们体验劳动的意义、珍惜粮食等。走进乡间田野劳动体验课设置的体验点，和身边的小伙伴们一起拔花生、运花生、摘花生，所有的角色扮演都有和同伴的分工与协作。通过这些体验点的设计，让孩子们在参与中明白，有播种才有收获、劳动不易，也体会到团结与合作的力量，品尝到亲手摘的果实，更体会到汗水浇灌的果实更香甜。

图 6-4 水稻收割体验活动

案例 6-1

收割水稻

课程流程：水稻知识科普—割稻意义讲解（主要是劳动的意义、珍惜粮食等）—割稻子的方法、安全注意事项。

一、水稻知识科普

1.水稻是稻属谷类作物，代表种为稻。水稻原产于中国和印度，七千年前中国长江流域的先民们就曾种植水稻。

2. 水稻的分类。水稻按植物学分类分为籼稻和粳稻；按生育期长短分为早稻、中稻、晚稻等；按留种方式分为常规水稻和杂交水稻；按栽培方式分为水稻和陆稻。

3. 水稻所结籽实即稻谷，稻谷脱去颖壳后称糙米，糙米碾去米糠层即可得到大米。

4. 世界上近一半人口以大米为主食。水稻除可食用外，还可以酿酒、制糖做工业原料，稻壳和稻秆可以作为牲畜饲料。

5. 中国水稻主产区主要是长江流域、珠江流域、东北地区。水稻属于直接经济作物，大米饭是中国居民的主食。目前国内的水稻种植面积常规稻是 2.45 亿亩①，而杂交稻的种植面积是 2 亿亩。

6. 中国科学家对全球水稻科研做出了卓越的贡献：袁隆平院士被誉为"杂交水稻之父"，朱英国院士对杂交水稻的研究做出了突出贡献，农民胡代书发明越年再生稻等。

7. 古法脱粒。20 世纪八九十年代科技还不发达，水稻的收获全靠人力，用镰刀把水稻割下来扎成小捆，把水稻在摔稻桶（一个方形的木盒）边摔打完成脱粒。

二、水稻与小麦的区别

水稻是种在水里的农作物，结出来的果实是谷，谷打出来后是大米。

小麦的种植不需要很多水，一般种植在水分相对贫瘠的干旱地区，结出来的是粟米，而小麦不能打，只能磨，磨出来的是面粉。小麦一般在我国北方比较受欢迎，而水稻在南方比较受欢迎。

三、割稻意义讲解

禾苗在农民伯伯的精心护养下渐渐长高了。为了让庄稼长得更加茁壮，农民伯伯要做什么？锄草、施肥、喷洒农药、引水浇灌。经过半年多的辛勤劳动，庄稼成熟了，农民伯伯还要做些什么？他们要把稻子割下来，捆成捆儿，运到地头，再经过脱粒、碾去稻壳等许多工序，才能加工成我们现在吃的大米。

---

① 1 亩 ≈666.7 平方米。

体验农民劳动的艰辛,感受稻米的来之不易。

四、割稻注意事项

1. 将草帽、围裙、防割手套穿戴好,左手用力拉着稻谷秆上部,右手用镰刀割稻秆底部。

2. 分队进入稻田,每队8个人,由一名安全教师、生活老师负责。

3. 割完稻子的小队打稻子,打稻子这边由一位生活老师进行拍照、拍视频。

4. 没有进行活动的小队,在一旁安排其他活动(数数一棵水稻上面有多少稻谷)。

5. 四人一组打稻子,注意水稻和稻谷不要打到其他人。

6. 脱完粒之后的水稻分小堆堆在一边,便于接下来的稻草人制作。

五、扎稻草人

(案例由星辰童行提供)

图6-5 设计稻草人体验点

(三)揣摩角色,分组体验

劳动教育中角色体验法的运用有四个阶段,可分为劳动关系中的角色分解、角色参与、角色体验和道德认知分析与升华。

1. 角色分解

每个道德关系的存在都包含着各种角色关系,因为道德本身就是促进人与自身、人与人、人与社会和人与自然间的关系的准则。所以,要让学生更好地理解劳动要求存在的本质目的,就必须帮助学生、引导学生或与学生一起进行劳动关系中所包含的角色的分解。[①]

---

① 杨杰.论大学生道德教育多角色体验法[J].学术论坛,2006(12):5.

2. 角色参与

角色参与是指通过各种方式，对劳动角色的内涵进行虚拟性的或实际性的感受和体悟的过程。劳动教育的角色参与活动必须基于老师的引导和组织。

应试教育所带来的升学压力和家长的无微不至照顾，导致相当一部分学生还没有独立寻求、获得角色参与机会的能力，没有形成社会生活参与，特别是参与多样化的社会角色的主动性和自觉性。此时如果没有教师的组织和引导，学生可能在寻求角色参与过程中因为失败而丧失参与的积极性。

学生在进行不同的角色参与时会面临不同的要求，在角色体验前、体验的过程中和参与体验后，教师都要贯穿全过程，提出不同的要求，给予学生引导、指导、帮助和提升。否则学生会形成对角色的理解和体验的偏差，从而可能形成错误的角色认知。

3. 角色体验

参与角色的过程和体验角色的过程并不是同一的过程。有的人参与了大量的社会角色，但却并没有体验出该角色的本质和内涵。角色参与是角色体验的前提和基础。没有角色参与的体验不能说是完全的真实的角色体验，有时甚至可能是错误的角色体验。在劳动教育的过程中，角色体验是角色参与的升华，是参与者主动积极参与过程的体现。

在角色体验过程中，教师或其他人士（如同学、家长等）必须引导学生对角色的内涵、角色的不同点、角色的优势、角色的困惑、角色的需求等进行多角度、全方位、多层次的思考和反思。这个思考和反思的过程可以极大程度地帮助学生树立新的对劳动内涵的认识。

4. 道德认知分析与升华

因为角色的不一样，对道德要求的理解也就不一样。并非在角色体验的过程中或经过了角色体验就一定能形成正确的道德判断标准和意识，因为每个人对角色的理解和领悟是不同的。角色体验教学法是要求学生对同一角色的理解尽量形成统一性的认识，在统一性的认识基础上形成统一的道德认知。否则，对同一角色的多样性的理解，就会导致多样化的道德需要，从而导致多样化的道德观。

角色体验法在劳动教育过程中的运用的四个阶段并不是完全独立和按顺

序进行的。有时可能几个阶段同时存在，有时可能各个阶段单独存在。

三、角色体验法的应用原则

角色体验教学的功能主要表现在两个方面：陶冶功能和暗示（或启迪）功能。为了使角色体验教学法更好地发挥上述两种功能，提出以下几个重要的使用原则：

（一）意识与无意识统一原则和智力与非智力统一原则

这是实现角色体验教学的两个基本条件。无意识调节补充有意识调节，情感因素调节补充理智因素调节，人的这种认知规律要求教师在教学中既要考虑如何使学生集中思维，培养其刻苦和钻研精神，又要考虑如何调动其情感、兴趣、愿望、动机、无意识潜能等对智力活动起促进作用。教师在鼓励学生要刻苦努力时，很可能已经无意识地暗示了学生：你能力不行，所以要努力。这样就无形中增加了他们的畏难情绪。如果教师能意识到这一点，就会把学生视作理智与情感同时活动的个体，就会想方设法地去调动学生身心各方面的潜能。

无意识与意识统一，智力与非智力统一，其实就是一种精神的集中与轻松并存的状态。这时，人的联想在自由驰骋，情绪在随意起伏，感知在暗暗积聚，技能在与时俱增。这正是角色体验教学要追求的效果。

（二）思维科学的相似性原则

相似原理反映了事物之间的同一性，是普遍性原理，也是角色扮演体验的理论基础。形象是情景的主体，角色扮演体验中的模拟要以劳动中的形象和教学需要的形象为对象，情景中的形象也应和学生的知识经验相一致。角色扮演体验法要在劳动体验过程中创设许多生动的场景，也就是为学生提供更多的感知对象，该原则要求教师引导学生对产生的各种问题展开自己的思维和想象，寻求答案，分辨正误。这一原则指导下的教学，思维的过程同结果一样重要，使学生大脑中的相似块（知识单元）增加，有助于学生灵感的产生，也培养了学生相似性思维的能力。

（三）师生互信互重下的自主性原则

该原则强调两个方面：一是良好的师生关系，二是学生在教育教学中的主体地位。良好的师生关系是角色体验教学的基本保证。劳动教育本是一种特定情景中的人际交往，角色扮演体验更强调这一点。只有师生间相互信任和相互尊重，教师对学生真正做到"晓之以理，动之以情"，前文所述的两条信息回路才有畅通的可能。这意味着教师必须充分了解学生，学生也必须充分了解教师，彼此形成一种默契。而学生在教学中的主体地位决定了自主性侧重于教师鼓励学生"独立思考"和"自我评价"，培养学生的主动精神和创新精神。这一原则要求教师在角色体验教学中要从学生的实际出发，使学生在完成学业的同时得到如何做人的体验。它意味着一切教学活动都必须建立在学生积极、主动和快乐的基础上。

实际上，上述几个原则是密不可分的，它们有机地统一在整个角色体验教学之中。

第3节　情景角色体验法的评价

劳动教育不同于简单的知识传授，而是学生通过劳动的实践体验获得直接的经验，丰富实践知识进而提升自己解决实际问题的能力。教育目标的不同决定了在采用情景角色体验法对学生进行劳动教育活动过程中的表现和成效进行评价时，不能仅仅局限于学生掌握了某项技能，学会了某个知识点，而是要关注他们参与劳动体验时做了什么，如何去做，以及做了之后有什么样的感悟提升。也就是需要重视学生在劳动实践过程当中的主体地位，充分信任和尊重学生，注重培养和践行学生劳动体验中的参与意识。在采用情景角色体验法对学生进行劳动教育活动过程中，教师应观察学生对活动内容的偏好，活动中角色的担当，解决问题的方法，应对困难的态度等外在的行为。创设社会主义劳动价值观情景，引导学生积极参与，自我反思，团队协作，共同提升，以此来促进学生的全面发展。

一、评价的特点

情景角色体验法评价有如下特点：

（一）评价的定位是培养全面发展的人

学生参加劳动教育是以培养和提升他们的综合素养为目的的，评价学生的综合素养，不是简单地用分数将学生排出名次，而是希望通过劳动教育评价促进学生自我认知、自我发现、自我反思、自我发展成为一个全面发展的人。在对学生进行劳动教育活动评价时，应以激励学生全身心投入劳动教育的各项活动，促进学生成长为目的，实施发展性评价，改变只重结果不看过程的评价方式。

发展性评价是一种以评价对象为主体，以促进评价对象的发展为目的的教育评价。发展性评价的主要评价功能为促进与发展，即评价关注学生在活动过程中的表现，突出评价的激励与控制功能，引导学生发现自身的不足，并及时改进挖掘自身的潜力，使其在将来的学习中能加以应用，同时发展性评价重视学生差异的存在，强调在评价过程中给予学生正面积极的鼓励，发掘他们的长处，促进学生个性化发展。从本质上说发展性评价是评价者与被评价者之间双向互动的过程，这个过程不仅是评价的过程，还是双方互相欣赏、互相关怀的过程。

（二）评价要有层次性

学生间存在着发展的差异、知识储备的差异和动手能力的差异，因此劳动教育评价体系的设计应当体现层次性。在学生发展的平均水平区域内，兼顾优秀学生和后进学生不能搞一刀切。评价的目的在于使所有的学生参与劳动体验后有所收获，有所提高。在重视知识技能目标的基础上，更要考虑学生的情感、态度、价值观的发展，就是学生在劳动中表现的情绪、情感、态度以及合作力、交往力、领导力、执行力、沟通力等非智力因素，并把它作为和知识技能同等重要的方面在评价体系中加以确立。

（三）师生的交互性

情景角色体验法的运用，需要教师进行设计，学生亲身实践探究，体现了教师主导和学生的主体作用。在教学中，师生地位平等，师生关系由原来的单向传授变为引导学生进行实践探究。在评价环节，让学生通过自我分析、自我解剖、总结分享、集体讨论等形式，再次经历体验知识再创造的过程，激发自身的探究精神。

表 6-1　劳动教育活动过程记录表

活动主题：					
姓名		承担的角色		所在的分组	
活动的时间		活动的地点		指导老师	
前期规划（主要围绕什么主题进行展开，角色分工如何，有哪些内容，做哪些准备）					
劳动体验（小组如何分工，遇到了哪些问题，如何解决的）					
劳动体验收获与体会（是否完成任务，最大的收获是什么，过程中产生了哪些新想法，可以用PPT、视频、图表、漫画、演讲、舞台剧等多种方式呈现）					
自我评价					
小组互评					
老师评价					

二、评价的方式

劳动情景角色体验法的使用中,对学生参加劳动体验的表现和效果的评价,一是要贯穿活动的全过程,二是要涵盖学生发展的多个方面。劳动教育活动过程记录表,可以作为学生完成劳动体验的"脚手架",对学生参与劳动体验的全程做一个详尽记录。在上述表格中,不仅有学生的自我评价,还有小伙伴以及教师的评价,采用了多主体评价的方式。

评价的方式包括自我评价、小组互评和老师评价。

(一)自我评价

在采用情景角色体验法对学生进行劳动教育活动过程中,评价要回归到完整而真实的活动,强调在完成实际任务的过程中评价学生的发展,通过对学生表现的观察分析,评价其在创新能力、实践能力、合作能力以及健康的情感、积极的态度、科学的价值观等方面的发展情况。活动成果评价,重视活动成果的评比,以展示活动的作品。评价要做到过程与结果并重。劳动体验参与收获与情感价值观收获并重。在看到学生学会劳动技能的同时,人际交往得以发展,个人能力得以提升。评价的方式可以用PPT、视频、图表、漫画、演讲、舞台剧、劳动作品等多种方式进行呈现。并且评选出优秀者,进入学生成长记录档案袋,并将其结果纳入综合素质评价体系。

(二)小组互评

课程过程管理,按照活动小组的分工要求以及实施标准,对活动的各个环节进行检测并根据角色扮演活动完成的情况进行有效的过程评估。这种小组互评评价表格,不仅仅能帮助学生做好相关的记录,强调了在评价过程中人与人之间的对话,尤其是学生之间的交流和合作,还能促使评价主体与学生在沟通协商中增进相互的理解,形成友好、平等和民主的关系。

(三)老师评价

劳动教育情境角色体验法,重视学生在劳动实践过程中的能力、态度、情感以及解决问题的方法,各种劳动实践中的表现通过肯定他们的活动价值来营造体验劳动的情景。

学生参加劳动体验的能力成果,可以通过学生在活动过程当中的行为表现出来,如能否认真参加每一次劳动活动,努力完成自己所承担的任务。主动提出活动的设想、建议,在劳动体验中不怕困难和辛苦,其主要表现为观察力、表达力、合作力、动手力、探究力和表现力。

学生参加劳动体验的态度成果包括是非观、价值观、环保观和社会责任感。在态度成果中对事物要有正确的认识,要有热爱自然的态度、环保的意识,对文化事物的价值有正确的判断,有同情心和责任感。

学生参加劳动体验的行为成果具体体现在时间观念、秩序意识、礼仪规范、语言文明。在行为生活中要求学生不迟到、不早退,遵守时间,参观排队需要保持安静,遵守秩序,与老师、同学及其他相关人员相处举止得体,有礼貌,不大声喧哗,不说脏话,注意语言文明。①

思考与练习

1. 在劳动教育活动操作过程中如何具体实现"因地制宜"?
2. 什么是发展性评价?

① 李岑虎.新时代劳动教育课程设计[M].北京:旅游教育出版社,2020.

第 7 章 探究法

本章导读

　　本章主要探讨探究法的内涵以及探究法在劳动教育中的应用。首先介绍主要针对教学中的实际教学情景和生活中的问题，归纳一些典型的探究式劳动教育案例，最后对探究式劳动教育的案例进行评价。

┃ 学习要求 ┃

了解探究法的概念及主要内容；掌握探究法的含义和要求，将探究法应用到教学和生活中的教学流程，以探究式方法解决生活中的问题及评价。

┃ 思维导图 ┃

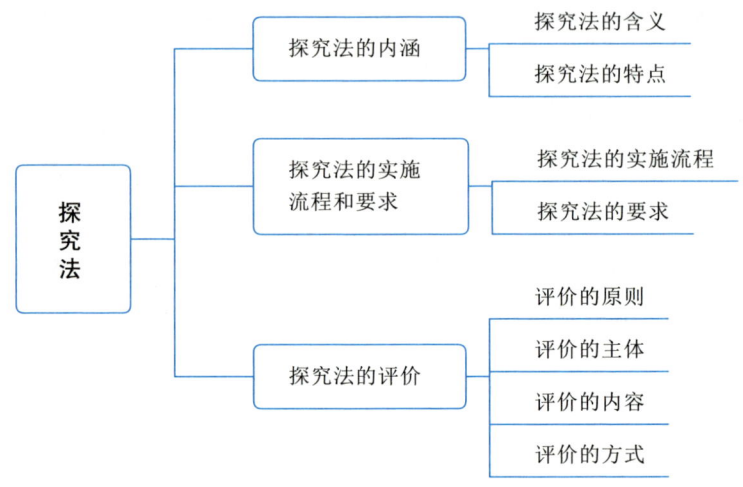

第7章 探究法

时代的进步离不开教育的改革创新，而教育革新首先要从转变理念开始。近年来，探究式教育模式逐步走进学校，成为教育改革的新热点。本章基于劳动教育学科背景，深度结合探究式教育理念，提出探究式理念下劳动教育教学模式，并在学校进行实践，验证其可行性，为一线教师开展劳动教育探究模式教学提供了有效的理论指导。

第1节 探究法的内涵

根据素质教育三个要素的要求，我们的教学要面向全体学生、促进学生的全面发展和主动发展，充分发挥学生的主动性。因此，老师要以课堂为主阵地，抓住关键、触发学生的灵感，让学生通过自己的探究与实践构建自身知识体系。只有学生用科学的方式探究新问题，才能更好地培养他们的创新精神，提升他们主动学习的能力。

一、探究法的含义

这里的探究法主要是指探究方法在劳动教育中的应用。在劳动教育活动中，学生在教师的引导下，主动参与并发现问题，并进一步寻找答案，培养他们解决问题的能力。在这种劳动探究式的教学中，教师只在学生劳动实践中提供给一些事例和问题，学生必须通过具体的实践、真实的观察、严谨的实验、认真的思考和讨论和辩论等途径去主动探究，自主探索发现并掌握相应的原理和结论。因此，在劳动教育探究模式中，学生的主体地位和主动性都得到了加强。

（一）自主探究法

劳动教育的自主探究法，是学生根据劳动实践中发现的问题，提出问题并作出假设，有计划、有目的、有步骤地在劳动实践中进行探究，最终获得结论。通过以下太阳染自主探究法案例节选，我们可以了解自主探究法在教学中的应用。

案例 7-1

染布创新初体验——太阳染

目的要求：

①初步认识太阳染的制作流程、感知染布劳动创造的价值、通过染布活动创造美好的生活。

②掌握太阳染的基本知识和技能，能够用太阳染的方法完成一幅作品。

太阳染自主探究方法完整案例

③在染布过程中培养学生的团队合作意识和吃苦耐劳的精神。

④作品完成后要懂得珍惜劳动成果，继承中华民族勤俭节约的习惯。

方法步骤：

（1）染料配制

将 A、B 两种染料按 1∶1 混合，用搅拌棒搅拌（不能用铁质搅拌棒）。

注：整个过程需在避光的环境里进行，以避开紫外线，可以在日光灯下进行操作。

（2）制作布坯

①将混合好的染料用毛刷或海绵均匀涂在布料上。

注：不用太多，均匀即可。

②将布料放置避光处阴干，备用。

（3）染布

将准备好的剪纸图案或镂空图案放在制作好的布坯上，压上玻璃，放置室外晾晒。在强光下晾晒 15~20 分钟，弱光下 1~2 小时。轻揭图案仔细观察布坯颜色的变化。

（4）清洗

将印染好的布料放清水中稍微浸泡一会，用清水清洗，清洗时不要揉搓布料。

（5）熨烫

自然晾干后，熨烫平整，作品即完成。

注意事项：

调整熨斗到适宜的温度，小心烫伤！

太阳染观察记录表

时间	1小时	2小时	3小时	4小时	5小时
颜色变化	浅黄色	黄绿色	深绿色	墨绿色	黑色

学习体会：

通过自主探究学习，学生在具体情境中探究与发现，找到不同知识之间的关联，发展了实践能力并创造性地解决了问题。

作品展示：

图7-1 太阳染作品展示

（案例由亳州市州东中心小学提供）

（二）实践探究法

劳动实践探究法是一种理论和实践相结合的研究方法。该研究方法需要以实践研究为基础，理论为辅，学生在劳动中遵循科学规律进行探究，在劳动实践中得出客观结论。这种探究方法是学生在劳动实践中用自己的感官和辅助工具直接观察被研究对象并进行实验，通过劳动实践获得结论的一种方法。以下通过实践探究"探索智能机器人"案例节选，我们可以了解如何在教学中实施实践探究法。

案例 7-2

"探索智能机器人"的科技实践活动

活动目标：

①了解障碍停车挑战赛的规则及一般流程，树立正确的科学观念。在科学实践中理解创造美好生活的道理。

②掌握利用超声波传感器制作避障机器人的方法。培养学生的智力和创造力及团队合作能力。

③学生能够根据比赛场地要求测试、调试机器人小车以完成比赛。在活动中培养学生的劳动实践精神和开拓创新的能力。

④通过"探索智能机器人"的科技实践活动，让学生养成良好的科学探究习惯和品质。在活动中能认真负责、安全规范地参与实践探究。

活动过程：

（1）避障小车

机器人小车若要在无人操作的环境下行驶，需要自身能够对周围的环境状况做出判断，比如前方有障碍物或者悬崖时，小车应停止或改变运动方向，我们将具有躲避障碍物功能机器人小车称作避障小车。目前，许多避障小车都是通过超声波传感器或红外传感器来实现避障功能。顾名思义，红外传感器是靠发射红外线来探测前方是否有障碍物，而超声波传感器是靠发射超声波来探测的。

（2）方案设计

①比赛规则

比赛中，距离障碍物 2 米处的线作为起始线，距离障碍物 10 厘米处的线作为终点线。避障小车从起始线开始行驶，到终点线停止，行驶时间不得超过 10 秒。小车停止位置离终点线最近者为胜，小车越过终点线则成绩作废。距离终点等距离的，以小车用时最少者为胜。

②方案设计

完成挑战任务有一种简单的方法：让小车以恰当的速度运行一段时间后停车，但是这种方法容易受到电池容量等因素的影响，导致车速不稳定，从而造成误差过大。因此，为小车安装超声波传感器来实现避障功能可使小车更加智能地完成挑战任务。

作品功能：

10秒内，行驶至障碍物10厘米处停止运动。

关键问题：

如何利用传感器精确测量停车距离，并通过测试与调试不断优化停车效果。

运行流程：

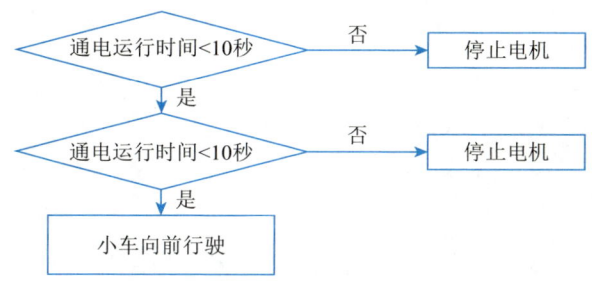

图7-2 避障小车运行流程图

（3）基础知识

①超声波测距与停车位置的关系

若将超声波传感器安装在车头位置，则超声波传感器返回值即为小车与障碍物之间的距离；若将超声波传感器安装在小车车身与车头有一定的距离的位置，则小车与障碍物之间的距离为超声波传感器的返回值减去超声波传感器与小车车头的距离。

在行驶中，小车距离障碍物10厘米处时电机停止运行，由于小车会因惯性继续向前行驶一段距离，因此，需要根据小车实际运动情况对10厘米这个临界值进行修正，以保证小车的停车位置离终点线最近。

②上电运行时间

为了尽量减少惯性对小车停车位置的影响，应使小车以较小的运动速度行驶，但小车行驶速度过慢，会影响比赛的竞技性。规定小车的运动时间不得超过10秒钟，就要努力在10秒让小车停到距离终点最近的位置。

（4）实现过程

①编写程序

②测试与调试

上传程序,待程序上传后拔掉数据线,观察机器人运动情况,并根据运动情况修改程序。如有问题,同学之间互相帮助解决。

图 7-3 "探索智能机器人"运行现场

(案例由亳州市第二中学提供)

二、探究法的特点

探究教学法的特点可概括为:

第一,学生能自主地抓住事物的现象,通过探究事物的过程,自然而然地进入科学的学习。在这种教学中,学生是主动的,且有很多亲身实践的训练,可以按照自身的知识水平,调整学习的进度和深度。

第二,学生通过自身实践得到的知识印象深刻,更不容易忘记。

第三,相较于传统教学法,探究法要求学生投入大量的时间,使他们在一段较长的时间内探索一个或多个问题。

第四,学生的学习过程也发生了改变,探究式学习的项目说明或解释探究以及发现的过程更具挑战性。

第五,在探究法教学中,教师的作用是提供指导,而不是直接地灌输知识,因此,学生的学习自主性大大提升。

第2节 探究法的实施流程和要求

一、探究法的实施流程

（一）创设情境，激发自主探究欲望

探究教学的核心是发现问题、解决问题，学习活动是围绕问题展开的。其出发点是设定需要解答的问题，这是进一步探究的起点。从教学的角度讲，教师需要根据教学目的和内容，精心考量，提出难度适度、逻辑合理的问题。

（二）开放课堂，发掘自主探究潜能

在富有开放性的问题情境中进行实验探究，这是教学的关键步骤。教师首先要帮助学生拟定合理的研究计划，选择恰当的方法。同时，教师要提供一定的实验条件或必要的资料，由学生自己动手去实验或者查阅，来寻求问题的答案，提出某些假设。这时，教师起到一个组织者的角色，指导并规范学生的探索过程。这个过程可以由单个学生自己完成，也可以由教师将学生分组来进行。要注意培养学生寻求合作的团队精神。经过探究过程，学生要把自己的实验过程或者查阅的资料进行总结梳理，得出自己的结论和解释。不同的学生或者团队可以就同一问题提出不同的解释或看法。他们要能够将自己的结论清楚地表达出来，大家共同探讨。

以班级"花盆架的设计与制作"为例，该案例通过生活中的实际需求提出项目关键问题，设计一款适合放在班级内的花盆架。学生在设计时要考虑到花盆架的摆放空间以及稳定性和强度。实施流程如下：

（1）创设情境，布置任务

通过生活中的实际需求或利用视频、图片、讲故事等方式进行情境导入，提出项目关键问题。以学校倡导美化校园、美化班级为例，要求各班级在教室合适位置放置若干绿植，一般教室空间有限，直接将绿植全部放在地面上

妨碍学生的日常学习生活，而花盆架刚好可以解决此问题。确定本次教学活动的任务：设计与制作出一个具有较好稳定性和强度的花盆架。

（2）背景知识探究活动

学生进行花盆架的设计与制作离不开完成该项目必备的知识与技能。本环节主要探究与花盆架设计制作相关结构的稳定性、强度、材料、形状和连接方式之间的关系，学习活动包括：信息收集与整理，形成调查报告；探究结构强度及影响因素；结构稳定性探析。

本学习活动包括两个阶段：第一阶段是收集信息，主要通过实地参观花店、留意身边的花盆架、网络搜索等方式，仔细观察各种样式的花盆架，包括种类、所用的材质、高度、不同的花盆架杆件尺寸、杆件连接方式、形状等。第二阶段是整理信息，小组展示报告。教师提问：花盆架的设计与制作需要用到哪些背景知识？[①]

（三）适时点拨，诱导探究的方向

教师为了达到让学生自主学习的目的，引导学生自己去发现问题，学生不明白时可适当点拨，诱导探究的方向。

（四）课堂上合作探究，训练主动学习的能力

在探究教学中，教师是引导者，基本任务是启发诱导，学生是探究者，其主要任务是通过自己的探究发现新事物。因此，必须正确处理教师的"引"和学生的"探"的关系，做到既不放任自流，让学生漫无边际去探究，也不能过多牵引。

1. 交流自学成果

在劳动实践中，让学生交流探索成果。在互相交流中，使学生思维相互碰撞，努力撞击出创造思维的火花。交流形式可以灵活多样，可以让学生自由发言，也可以让他们先在四人小组交流，然后派代表在全班汇报。

2. 合作学习，探究疑难

让学生对"交流成果"环节中所提出的问题以及普遍存在的模糊认识进

[①] 赵洋.指向通用技术学科核心素养的STEM学习探析［J］.中国现代教育装备，2021，374：41-42.

行讨论，在合作学习中大胆质疑解疑。讨论的形式可以灵活多样，可以同桌互帮、四人小组研讨或辩论等，为学生充分表现、合作、竞争搭建舞台，使教师指导和学生自主探究相结合、传授知识和解决问题相结合、单一性思考和求异性思维相结合。

在合作学习过程中，教师要善于诱导。如："你认为他说得对吗？为什么？""对他的回答你满意吗？你有什么不同的见解？"等等，把学生的思维推向高潮。在讨论中，教师要做到：

①要密切关注讨论的进程和存在的问题，及时进行调整和引导。
②要发现多种结论，不追求唯一的标准答案。
③要充分调动学生讨论的积极性，及时发现优点，特别是善于捕捉后进生的"闪光点"，及时给予鼓励。讨论要使学生思维碰撞，闪现思维火花，激发表现欲，促进创造思维的发展。

（五）课后拓展作业要和课堂相结合

劳动教育的课后拓展作业是留给学而有余的学生一个拓展和巩固的空间，留作业时也要做到因材施教。

首先，教师要对学生的认知水平和学习能力有一个客观的评价，布置难易程度相当的作业。

其次，留课外拓展的作业时不但要给学习游刃有余的学生提升的空间，还要给基础知识掌握不很牢固的学生一个复习巩固的机会。

最后，留作业的形式也可以多样化，如，可以写观察日记的作业、留想象的作业。在劳动实践中，学生经常写观察日记的作业，可以激发他们的自主学习的兴趣。

亚里士多德指出："想象力是发现、发明等一切创造活动的源泉。"因此，我们在劳动探究式教学中，要善于激发学生的想象力，培养学生的创新意识，激发学生自主学习的能力。

二、探究法的要求

在这一教学过程中，教师根据教学目标，寻找与教学内容密切相关的、可以激发学生兴趣的材料，创设出情景，向学生提出将要调查研究的领域。学生则发现并提出问题。问题是广泛多样的，教师引导学生集中于一或两个问题进行重点研究。根据已确认的问题，由学生共同讨论如何解决，然后学生开始进行观察、测量、比较、分类等活动，收集与问题有关的信息资料。在了解资料的基础上，形成一个假说并提出解决问题的方案，由个人或小组共同实施方案（讨论研究、实验验证等），学生记录这一过程，将手中的信息资料加工处理。最后对问题形成一个合理的解释，得出结论或规律，或提出新问题，重新设计实验，用不同方法组织资料、解释资料，再一次进入探究过程。

以下是探究模式的案例"鱼拓"。鱼拓是将真鱼的形象用墨汁或颜料拓印到纸上的一种技艺，是我国的一项非物质文化遗产，其灵感来源于中国古老的碑拓技艺。学生通过实践操作对本地水域环境进行调查，认识本土鱼类并通过拓画的方法记录鱼的形态，提升保护环境的意识。

 案例 7-3

鱼拓的探究与传承（节选）

活动过程：

（1）收集相关信息

通过地方政府、书本、各种宣传手册或网络等途径收集与亳州布艺相关的信息，并整理成书面材料。

同学们到图书馆借阅《亳州大观》《亳州市志》《亳州文史资料》《鱼拓》等书籍。通过阅读这些书籍，学生对亳州水文和鱼拓有了初步的认识，了解了鱼拓文化的源远流长。

（2）实地考察与交流

以参观学习为主，学生在主河道进行调查记录，并向安徽师范大学严云志老师请教学习。

第 7 章 探究法

图 7-4 水文调查

（3）实践活动

小组成员在了解了亳州水文和鱼拓文化背景的基础上开始动手制作。在实践过程中，学生首先通过观察鱼类进一步了解鱼的身体结构，并通过教师的引导进行总结进而让学生对鱼的身体构造有深入的认识，然后由专业老师带领学生探究鱼拓的基本流程。学生在整个活动中组织有序、活而不乱，既培养了他们的语言交流能力，也加强了同学之间的合作。

（案例由亳州市州东中心小学提供）

第 3 节　探究法的评价

探究性学习评价是以学生探究性活动中的状态和成果为事实依据所做出的价值判断和信息反馈，目的是全面了解学生的学习状况，激励学生的学习热情，强调学生的主动学习和合作探究，培养学生的创新精神和实践能力，促进学生可持续发展。[1]

---

[1] 刘久成. 探究性学习评价的原则、内容和方法 [J]. 教育科学研究，2004（04）：22-24.

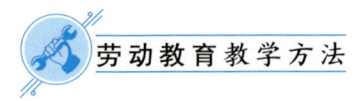
劳动教育教学方法

一、评价的原则

探究性学习是当前基础教育改革所倡导的学习方式。它具有与传统学习方式不同的特点。因此,在进行探究性学习评价时必须注意以下原则。

(一) 发展性原则

新课程改革的核心理念是"一切为了学生的发展"。探究性学习要用发展的观点,以发展为本的指导思想去评价学生,对学生在探究活动中的点滴进步都要给予肯定,鼓励他们不断努力。要关注学生的个别差异,制定个性化的发展目标和评价标准。

(二) 主体性原则

在探究性学习中,学生既是评价的对象又是评价的主体,通过评价要充分调动学生学习的主动性和积极性,使学生及时了解自己的学习状况,调整自己的学习行为,关注自己学习的提高,使评价成为学生自身发展的内在需求。

(三) 激励性原则

研究表明,学生的学习动力一方面来源于外在的激励,即他人的肯定;另一方面来源于内在的激励,即学习者本身的成功体验。从学生的学习发展来看,学习的激励是一个不断由以外在激励为主转化为以内在激励为主的动态结构。评价应让学生充分得到尊重,使学生的主体得到发挥,个性得到张扬;评价应强调调动学生积极学习,引发、提高学生的学习欲望;评价应让学生品尝到学习成功的愉悦,体会到学习的魅力,推动探究性学习不断深入和可持续发展。

(四) 过程性原则

探究性学习注重学生的学习过程。因此,评价时要重视学生在学习过程中所表现出来的学习态度和所运用的学习方法,强调学生在亲身参与探索性实践活动中所获得的感悟和体验,重视学生在发现问题、提出问题和解决问题的过程中的智能综合、思维运用和见解创新。探究性学习评价要在探究活动中进行，因此更多的是采用形成性评价。只有这样才能充分收集到过程信息，才能发挥评价的激励功能和导向功能。

二、评价的主体

在探究式学习中，评价主体要多元化：学生不仅是评价的客体，而且是评价的主体，评价的主体不仅是教师，而且还包括家长、同学和学生自己。这种主体多元化的评价从不同侧面给学生提供反馈，提供探究学习的机会，这对学生探究学习能力的培养、社会适应性的增强、身心的全面和谐发展具有重要意义。

三、评价的内容

根据探究性学习的特点，评价的内容可以概括为以下几方面。

（一）探究性学习的参与态度

具体包括：承担学习的责任；积极采用各种学习策略提高学习水平；倾听别人的意见，积极合作；交流和分享研究的信息、创意和成果；不怕吃苦，勇于克服困难，努力进取；踏实认真，以科学的态度获取结论和成果。

（二）探究性学习的情感体验

具体包括：自主参与探究性学习活动；对学习活动有积极的情感体验；善于质疑、乐于探究、勤于动脑、努力求知的积极态度；拥有自尊自信、坚强勤奋和自强不息的个性品质；探索创新的欲望。

（三）探究性学习的方法技能

具体包括：多方法、多途径获取信息；识别、筛选有效信息；归纳、整理信息；分析、处理并恰当利用信息；进行批判性思考和推理；对研究结果的表达和交流。

（四）探究性学习的创新能力

具体包括：收集处理信息资料的能力；发现和提出问题的能力；联系不同学科的能力；设计解决问题的方案；对探究性学习过程和结果的反思；提出结论或研究成果。

四、评价的方式

探究性学习评价关注学生的求知过程、探究过程、努力过程，不仅关注学生的知识和技能的掌握，而且关注学生的情感、态度和价值观。为促进学生发展，全面客观地评价学生的学习，必须强调质性评价，定性与定量相结合，实现评价方法的多样化。教学实践中，教师创造了许多适用、可行的评价方法，除了进行正常的考试方法改革以外，应提倡以下几种评价方法。

（一）课堂观察评价法

课堂观察是评价学生学习过程的一条有效途径。观察可以是非正式的，也可以是正式的。非正式的观察是在课堂教学中随时进行的，教师可以有意识地了解学生学习活动中表现出来的特点并进行记录，在一定时间加以整理分析。正式的课堂观察可以运用课堂观察记录表，及时分项填写。例如，表7-1是一张小学劳动课堂教学观察记录表。

表 7-1　小学劳动课堂教学观察记录表

班级：　　　　　　授课教师：　　　　　　课题：《　　　　　》

阶段	观察方向	观察内容	观察结果
课前	学生准备	1. 学生上课时精神饱满、有强烈的好奇心和求知欲（2分） 2. 上课前能提前准备好相关材料和工具（2分） 3. 对劳动探究项目有充分的了解，并有自己的见解（2分）	
	教师准备	1. 对劳动项目、本班学生的学情都非常了解，对探究的方式方法有规划，相关工具材料都准备好（2分） 2. 课前引导学生了解项目、收集相关资料（2分） 3. 教师有教学激情、得体的教态（2分）	

第 7 章 探究法

续表

阶段	观察方向		观察内容	观察结果
课中	教师层面	目标	1. 根据劳动探究项目确定教学目标，不能一味地照搬教参，要切合实际（3分） 2. 引导学生探究时要符合学情与新课标理念（3分） 3. 设定的劳动探究项目要让学生基本可达到，多数学生能完成探究任务，不同层次学生都有所收获（3分）	
		方法	1. 教师能运用多种教学方法引导学生解决探究实践中的问题，能与生活实际结合进行有价值的拓展（4分） 2. 在探究活动中能及时引导学生提出有价值的问题，发现探究方向有偏差时能指导学生及时调整探究思路（4分） 3. 在劳动项目中设置的问题具有启发性，对学生有创意的想法能及时给予鼓励，错误的表达可巧妙纠正（4分）	
		过程	1. 教学环节安排合理，严禁无效提问、无效互动（5分） 2. 教学实践安排得当，有效率（4分） 3. 劳动任务分配按学生能力情况因人而异，能做到因材施教（5分）	
		基本功	1. 语言规范、准确形象、不过多重复（4分） 2. 实践过程中教师示范详细，讲解清晰（5分） 3. 能熟练恰当运用现代化教学手段（4分）	
	学生层面	参与	1. 学生在劳动探究项目中积极主动参与实践活动，能及时发现有价值的问题（5分） 2. 劳动探究中能够使用科学的方法完成分配的任务，在项目活动中参与率高，遇到问题时能不断尝试解决问题（5分） 3. 在劳动探究项目中能和同学积极沟通，能够采纳别人的意见（5分）	
		互动	1. 师生对学生在探究中提出的问题能及时解答并做出引导（2分） 2. 在小组合作中生生之间能合理安排任务，为达到一个共同目标能齐心协力合作（3分）	
		思维状态	1. 学生在探究活动中思维清晰，能围绕一个目标从不同的角度想办法解决问题（4分） 2. 学生在自主探究学习中有自己的思考空间，能自己提出有价值、有启发性的问题（3分） 3. 在劳动探究式教学模式中要体现出学生自主学习，通过探究实践得出结论，获得知识（3分）	
课后	教学反馈		通过探究实践的结论来评估劳动探究项目达标率（10分）	

（二）表现性评价法

表现性评价法是指通过观察学生在完成实际任务时的表现来评价学生已

经取得的发展成就。因此，表现性评价的特点体现在重视知识和技能的应用。评价是依托具体真实的任务进行的，具有任务的真实性高、复杂性强、评价需要的时间长、评价的主观性高的特点。

表现性评价的关键在于设计表现性任务。只有设计出适当的表现性任务，才能保证评价的信度和效度。表 7-2 是为表现性评价创设的一个任务情境和评价标准。

表 7-2 劳动实践探究学生表现评价表

时间：_____ 课程_____ 学生姓名_____ 记录员_____

项目 等级	精神状态		参与程度		
	实践探究情况	合作情况	发言情况	讨论情况	作业情况
A级	1.参与实践探究前准备充分，物品准备齐全。 2.带着探索的欲望，有好奇心，有浓厚的学习兴趣。	1.能完成小组分配的任务。 2.能与同学合作交流，有集体意识。	1.能积极发言，积极参与小组讨论与交流。 2.能大胆提出问题，表达自己的想法。	1.在讨论中不但能表达自己的想法，也能听取别人的意见。 2.思维清晰，能准确表达自己的想法。 3.在解决问题时有自己独特的想法和创新思维。	1.课后拓展作业能根据自己的水平完成相关探究任务。 2.能够按时且独立完成作业。 3.完成的作业对小组项目有积极的推进作用。
	评价结果	评价结果	评价结果	评价结果	评价结果
B级	1.参与实践探究前准备不充分，物品准备不齐全。 2.探索欲望、好奇心、学习兴趣一般。	1.能完成小组分配的任务。 2.通过教师协调与同学合作交流，集体意识薄弱。	1.能发言，能参与小组讨论与交流。 2.能提出问题，表达自己的想法，但是不能接受别人提出的意见。	1.在讨论中能表达自己的想法但是不赞同别人的意见。 2.思维不够清晰，没法准确表达自己的想法。 3.在解决问题时有自己的想法，创新思维不强。	1.课后拓展作业基本能根据自己的水平完成相关探究任务。 2.能够按时且独立完成作业。 3.完成的作业对小组探究项目有点贡献。
	评价结果	评价结果	评价结果	评价结果	评价结果

续表

项目\等级	精神状态		参与程度		
C级	1. 参与实践探究前无准备。2. 无探索的欲望、好奇心和学习兴趣。	1. 没有积极参与探究活动，任务完成度不高。2. 通过教师协调与同学合作交流，集体意识薄弱。	1. 很少举手，极少参与讨论与交流。2. 不敢提出和别人不同的问题，不敢尝试和表达自己的想法。	1. 缺乏与人合作的精神，难以听进别人的意见。2. 无法准确表达自己的意思。3. 思考能力差，缺乏创造性，不能独立解决问题。	1. 对课后拓展探究活动不够积极。2. 在教师和同学帮助下能够完成作业。3. 完成的作业缺少个人的想法，对小组探究项目贡献不大。
	评价结果	评价结果	评价结果	评价结果	评价结果

注：本评价表针对劳动实践探究表现情况与教师讲课方式做评价。
其中，精神状态与参与程度评价对象是学生，按A、B、C三个等级来打分。

（三）档案袋评价法

档案袋是指用以显示学生学习成就或持续进步信息的一连串表现、作品、评价结果以及其他相关记录和资料的汇集。档案袋中的材料，不是学生作品的简单汇集，而是有目的、有意义收集学生与课程学习目标有关的材料。档案袋中主要是学生作品，也可以包括对学生完成作品的描述，以及学生、教师、家长和社会对学生的评价。

学生探究性学习档案袋的建立要在教师指导下进行。档案袋评价包括两个方面：一是对袋中所收集的材料进行分项评价；二是对袋中材料进行综合评价。档案袋评价方式宜采用等级制。为了评价时能有所依据，提高评价的信度，对于每个等级应制定相应的评价标准。

档案袋评价是学生学习评价的一个方面，但不是学生学期或学年学业成绩评价的全部。一般说来，在刚开始使用档案袋时，由于教师和学生都缺乏经验，评价的信度和效度可能存在较大问题，所以档案袋评价宜作为较小部分进入学生的学业成绩。

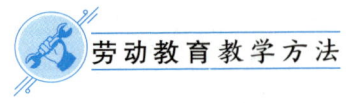

思考与练习

1. 在太阳染案例中学生掌握染色原理后是运用什么方法得出结论的?
2. 探究性学习评价有哪几种常用的方式？简要说明每种方式的优缺点。

第 8 章
项目完成法

本章导读

本章对项目完成法的概念及PBL项目式教学法、5E自然教育模式、任务驱动式教学法的特征、内涵进行梳理、分析,探讨它们在劳动教育中的应用模式,对相关课程进行设计,并对项目完成法的评价内容、类别进行归纳。

学习要求

了解项目完成法的基本内容；理解PBL项目式教学法、5E自然教育模式、任务驱动式教学法的特征、内涵；掌握它们在不同类型课程中的适用性和应用及评价方法。

思维导图

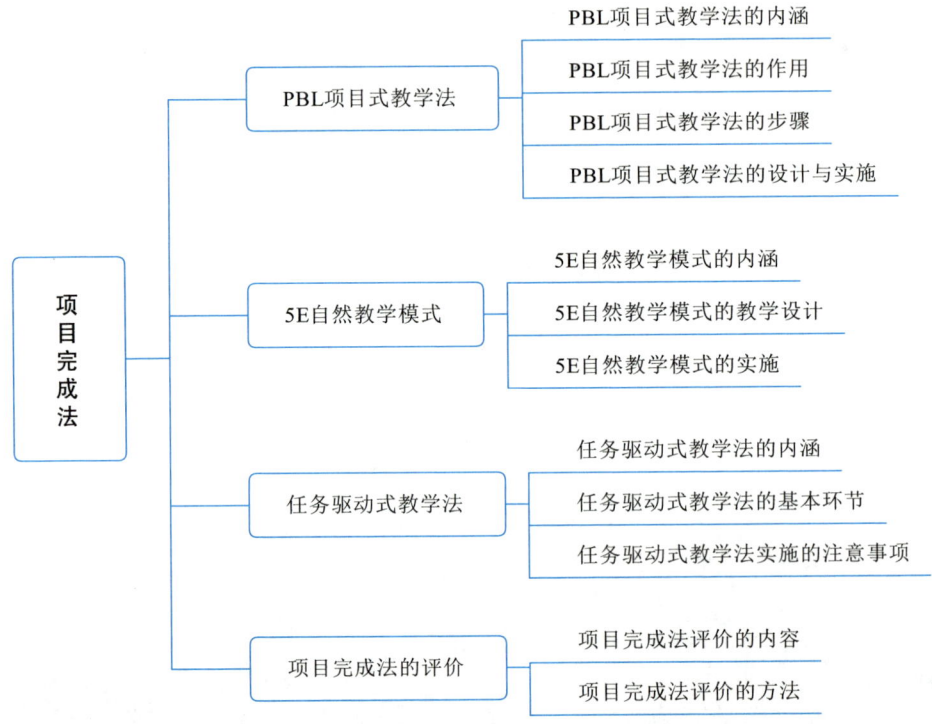

第8章 项目完成法

PBL 教学法是 20 世纪 50 年代美国心理学家杰罗姆·布鲁纳提出的，1969 年美国神经病学教授 Barrows 在加拿大的麦克马斯特大学首先应用，之后很快在欧美其他国家也被广泛应用，包括哈佛大学医学院、英国曼彻斯特医学院等全世界近 2000 所医学院校采用了这种教学模式。

第 1 节　PBL 项目式教学法

PBL 教学法遵循了建构主义教育理论，通过学生主体对客观知识的主动建构过程，使学生获得理论水平和综合能力的提高。香港大学医学院从 1997 年开始对新生进行 PBL 教学，对这种教学方法有较为成熟的经验。1986 年，上海第二医科大学和西安医科大学将 PBL 教学法引入我国，主要运用于医学教育领域。20 世纪 90 年代以来，我国引进 PBL 的院校逐渐增多，除医学院校外，也见于电子系统实验教学、电路原理课程、信息检索课、食品专业、旅游管理、现代教育技术、云计算、现代教育技术、软饮料工艺学及中学化学、地理等课程的应用。

一、PBL 项目式教学法的内涵

（一）概念

PBL 教学法（Problem-based Learning）是以问题为基础，把学习过程置于复杂的、有意义的案例情境之中，以学生为中心，以小组讨论和课后自学的形式，让学生自主合作来解决问题的自我导向式学习的教学法，也称为基于问题式的教学方法（PBT），突出特色在于培养学生自主学习和终身学习的意识和能力。

（二）内涵

PBL 项目式教学法主要由内容、活动、情境和结果四大要素组成。
PBL 研究的主要内容是现实生活和真实情境中表现出来的各种复杂的、

非预测性的、多学科知识交叉的问题。PBL 对当今的教育改革具有较高价值，因为它能使师生集中精力，对学科知识的核心概念和显著观点进行深度研究。

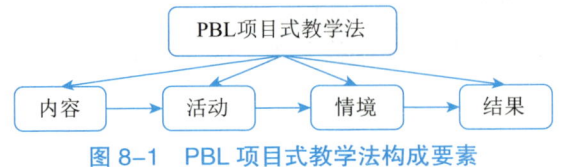

图 8-1　PBL 项目式教学法构成要素

（1）关于内容

PBL 关注的内容是现实生活中的一些实际问题，所以基于项目的学习与传统学习方法相比，它使得学习内容更有意义。内容应该与个人的兴趣一致，使得学生对他们感兴趣的话题和所关心的事情进行学习。

（2）关于活动

活动具有一定的挑战性。在 PBL 项目中，学生将会遇到一些有一定难度的问题。这些有难度的问题给学生提供了学习现实生活中复杂的概念和技能的机会，让学生可以在不同情境中运用这些技能。学生完成类似"行家"般的任务，达成一定的工作业绩或在现实生活得到进一步的锻炼，通过这样一系列活动形成和提高了自身的技能，达到解决问题的目的。

（3）关于情境

情境能为学生提供一种利用思维技能的机会和与他人分享成就的学习经历，帮助学生开发众多的社会技能（小组合作学习模式），为学生构建一种没有竞争的高度合作的氛围。允许学生在一种没有压力的情境下运用新技能，使他们在项目小组中表明观点并坚持他们的立场。

（4）关于结果

成果包括运用知识的技能和策略及提高高级的认知技能和问题解决策略，也包括特定的技能、部署、态度以及对成功开展工作的信念等。

PBL 项目式教学法能有效达到其他教学模式很难达到的目标。它能帮助学生进行小组合作掌握学习技能，如生活技能（会议主持，制订计划，筹划）、认知技能，（做出决策，批判性思维，问题解决）、自我管理技能（设定目标，组织工作，时间安排）、规划能力（人生目标的设定、成功信念）等。

二、PBL 项目式教学法的作用

（一）PBL 有利于协作精神的培养

传统教学采用的是一种竞争策略，学习者之间是一种竞争的关系。而 PBL 强调的是协作，即学习者之间是一种分工与合作的关系。由于 PBL 的项目任务往往一个人无法单独完成，所以它采用了小组合作学习的方式。在这种学习活动中学习者之间往往需要达成一致的意见，对学习任务进行合理的分工，并且适时地进行协商和讨论。它充分体现了合作学习的精神，加强了学习者之间的相互理解。

（二）PBL 有利于学生创新精神的培养

由于 PBL 的学习内容是现实生活中的一些实际问题，所以学生需要创造性地利用所习得的知识与技能来解决问题。因此 PBL 为学生创造了一种发挥创造力的宽松环境，为学生创造了充分挖掘自身的智慧潜能、激发创造力的一种学习机会。

（三）PBL 有利于动手能力和解决实际问题的能力的培养

在 PBL 教学中，学生必须亲自动手来解决实际问题，他们需要收集信息，处理加工信息。更重要的是，学生必须完成最终作品的制作来完成一个项目的学习。

（四）PBL 利于学生掌握学习的方法

在 PBL 教学中，学生学会信息收集与交流的方法、调查和访问的技巧、统计测量的方法、发表和讨论的方法以及自我评价和相互评价的方法，从而具备终身学习的能力。

三、PBL 项目式教学法的步骤

PBL 是一种新型教学模式，是一种革新传统教学的新理念，这种学习强调以学生为中心，强调小组合作学习，要求学生对现实生活中的真实性问题进行探究。通常其流程或操作程序分为选定项目、制订计划、活动探究、作品制作、成果交流和活动评价六个步骤。

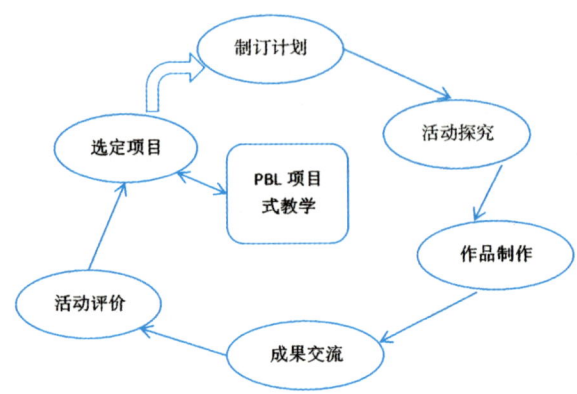

图 8-2　PBL 项目式操作流程图

（一）选定项目

在 PBL 中，应该充分考虑学生现有的知识经验和能力水平，以及学生通过努力是否有可能达到项目学习的目标，解决项目中所出现的各类问题。因此，选定合适的且能让学生有所收获的项目很关键。

（二）制订计划

计划包含学习时间的详细安排和活动计划。时间安排是学生对项目学习所需的时间做一个总体规划，设计一个详细的时间流程安排。活动设计是指对 PBL 中所涉及的活动预先进行计划。

（三）活动探究

这一阶段是项目学习的核心。它由学习小组直接深入实地的调查研究构成，通常包括到野外旅行，对必要地点、对象或事件进行调查研究。在调查研究的过程中，学生对活动内容以及自身对活动的看法或感想进行必要的记录，提出解决问题的假设，然后借助一定的研究方法和技术工具（在此过程中，学生的研究方法和技术工具相当重要）来收集信息，其次对收集到的信息进行处理和加工，对开始提出的假设进行验证或推翻开始的假设，最终得出问题解决的方案或结果。

（四）作品制作

作品制作是 PBL 区别于一般活动教学的典型特征。其实作品制作有时会与活动探究交融在一起，在此为了论述的方便，我们把它们区分开来。在作品制作过程中，学生运用已有的知识和技能来完成作品的制作。作品的形式不定，可多种多样，如研究报告、实物模型、图片、录音、录像、电子幻灯片、网页和戏剧表演等。学习小组对他们的项目进行描述，并且展示他们的研究成果。作品反映了他们在项目学习中所获得的知识和掌握的技能。

（五）成果交流

学生作品制作完成之后，各个学习小组要相互进行交流，交流学习过程中的经验和体会，并且分享作品制作的成功和喜悦。成果交流的形式也多种多样，如举行展览会、报告会、辩论会、小型比赛等。

（六）活动评价

PBL 与传统教学的一个重要区别在于学习评价，在 PBL 中真正做到了定量评价和定性评价、形成性评价和终结性评价、对个人的评价和对小组的评价、自我评价和他人评价之间的良好结合。

评价的内容有：课题的选择、学生在小组学习中的表现（活动中小组成员之间的合作状况）、计划、时间安排、结果表达和成果展示等方方面面。对结果的评价强调学生获得了知识和技能的掌握情况（如作品的技术性、艺术性等）；对过程的评价强调实验记录、各种原始数据、活动记录表、调查表、访谈表、学习体会等。评价可由专家、学者以及老师来完成，也可以是同伴或者学习者自己。教师可以观察学生在项目学习过程中所运用的技能和知识以及运用语言的方法。学生可反映他们自身以及同伴的工作和工作流程，小组的工作情况，他们对工作和工作流程的感觉，他们获得的知识和技能。反映工作，检查流程，以及明确重点和弱点知识区域都是学习过程中的组成部分。[①]

---

① 刘景福. 基于项目的学习模式（PBL）研究［D］. 南昌：江西师范大学传播学院，2002.

四、PBL 项目式教学法的设计与实施

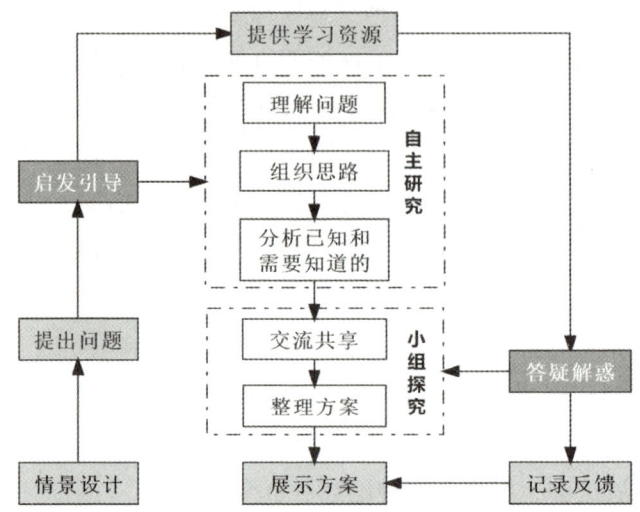

图 8-3　PBL 项目式教学法流程图

PBL 项目式教学法流程由教师进行情景设计、提出问题、启发引导、提供学习资源、答疑解惑、记录反馈、展示评价。在流程中，教师是主导者，学生是主体。学生组建小组，每个人需要理解老师提供的学习资源和提出的问题，梳理思路，分析问题和解决问题，然后进行小组讨论，交流分享，汇总研讨成果，进行成果展示和评比。

在进行 PBL 项目式学习活动设计的过程中，教师的主导地位是既定的，教师是组织者（见图 8-4），学生是教学活动的主体，是实际的参与者和体验者，选择的课程须具有体验性、参与性、探究性的特点，因此，PBL 项目式教学法适用于劳动教育课程。前期的项目选择很重要，是否具有情景体验的特点关系到后面小组成员在学习活动中能否进行探究性、体验性学习。自我引导学习是整个教学活动的关键部分，从学习者接受学习信息开始到完成整个学习任务，中间有小组成员的组建、自主学习、协作交流、问题论证、问题解决（实施计划）。在提交成果后的总结部分，教师要根据成果的情况对整个学习活动进行查漏补缺，进行优化，以便下次更好地开展活动。

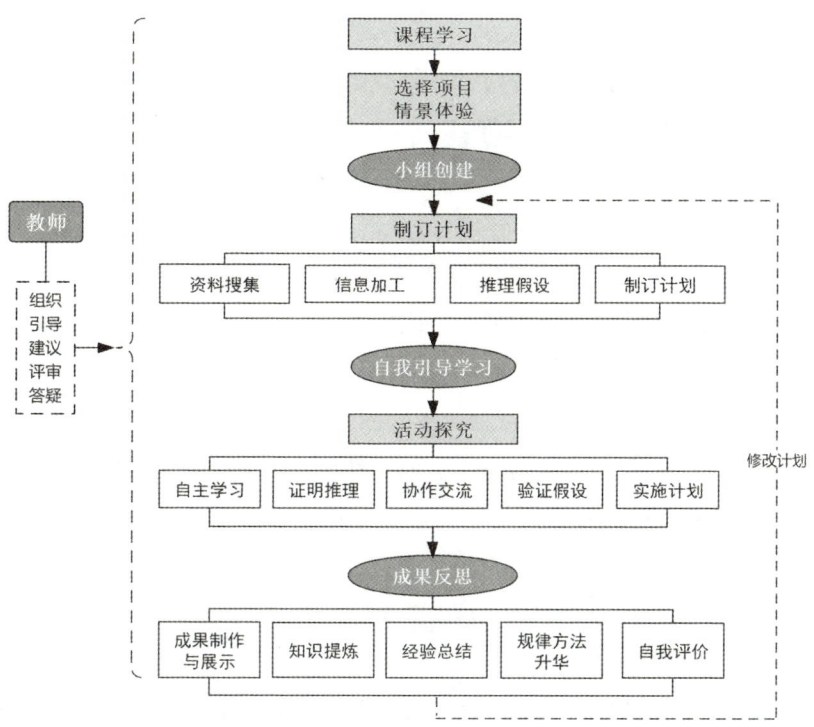

图 8-4　PBL 项目式学习活动设计

案例 8-1

中原科技学院非常重视劳动教育，站在育人的角度，将劳动教育纳入学校每年的德育工作计划当中，以活动为契机，以课程为载体，培养学生正确的劳动价值观，锻炼学生的劳动能力。比如：学校老师带领学生走进非遗文化基地，亲自制作汴绣，并进行成品展示；在社团活动中，指导学生设计服装，制作纸艺服装，进行展览；学生们还利用自己的特长，为社区画板报等。这些劳动教育活动的开展和实施因地制宜、精心设计、分层实施，以 PBL 项目式操作流程展开，收到了良好的效果。

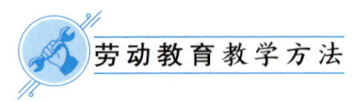
劳动教育教学方法

第 2 节　5E 自然教学模式

5E 自然教学模式是目前科学教育领域影响深远的一种教学模式，它是由美国生物科学课程研究所（BSCS）根据 Atkin Karplus 的学习环理论而提出的，该模式历经五十多年的发展和完善，已经较为成熟并在实践中得到广泛应用。随着 5E 自然教学模式的发展，国内学者也关注到并积极对其进行了研究。近些年，5E 自然教学模式的研究成果在中小学科学领域中开始不断出现，与建构主义理论一起研究如何与学科素养相结合培养学生的学科素养。

一、5E 自然教学模式的内涵

5E 自然教学模式的产生是基于教育与课程改革理论的发展，并随着概念转变理论和建构主义教学理论的成熟而不断发展。5E 自然教学模式强调学生是学习的主体，具有主观能动性，教师是学生学习的引导者，学生能按照自身经验去建构对世界的看法。学生学习的过程就是建构知识体系的过程，是学生主动对外界信息进行选择和加工，通过新旧知识经验间反复双向的相互作用构建联系，加深和拓宽原有的知识体系，并且新旧知识交融，从而构建新的知识体系。[①]

（一）5E 自然教学模式的环节

5E 自然教学模式主要有以下 5 个环节：吸引（Engagement）—探究（Exploration）—解释（Explanation）—拓展（Elaboration）—评价（Evaluation）。

5E 自然教学模式中的每一个环节都是整体的一部分，不是分立的模块。而且要注意，其每一个环节并不是一个线性走向的过程，而是可以根据教学需要重复出现的。

---

① 马文奎. 美国 BSCS 教材中的"5E"教学模式［J］. 外国中小学教育，2002（04）：39-40.

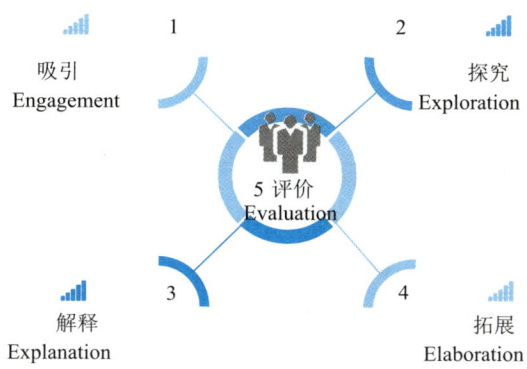

图 8-5　5E 自然教学模式环节

1. 吸引

吸引是 5E 自然教学模式的起始环节。课堂教学活动离不开学生的参与，5E 教学模式的核心就是"以学生为主体"。在这个阶段，教师的主要任务是为学生提供参与性活动，激发学生的学习兴趣，了解学生已有的知识经验和前科学概念。学生是带着已有的知识经验进入学习情境的，这种知识经验被称为先验知识。这些先验知识可能与本模块的学习概念相一致，也可能不一致，教师可以通过创设问题情境以及展示相异事件来引发学生认知的冲突，找到学生的错误概念，引起学生探究求真的兴趣，以便教师设计教学活动促进学生错误概念的转变。

2. 探究

探究阶段是 5E 自然教学模式的主体环节，学生概念的建构以及技能方法的掌握都在这一阶段完成。这一阶段也是以学生为中心，意在为学生提供一个共同的、具体的学习体验。教师扮演引导者的角色，通过引导学生观察、提问、假设、分析、讨论、实验调查等探究活动，逐步引导学生观察现象、概括规律、总结概念，最终形成对概念的建构，发展探究的技能，体会探索的乐趣。这一阶段的活动不仅能锻炼学生的动手操作能力，还可以通过小组学习的方式锻炼学生的合作学习能力。

3. 解释

在解释环节，学生从吸引阶段和探究阶段所获得的一切都将显露出来。一方面，教师需要创设解释情景，给予学生对探究过程进行阐述和对探究结果进行展示的机会，鼓励学生阐述对新概念的认知和理解。另一方面，在学生对新概念有了初步的解释后，教师可以向学生直接讲授概念，演示过程。在讲解概念时，教师要注意将这些概念解释与学生的探究活动相联系，与学生已形成的概念解释相联系。通过这一环节，可以让学生真正理解和内化概念。需要注意的是，教师在这一环节中需要注意科学专业术语的使用。教师需要为学生提供科学术语，即便学生可能还不能完全理解这样的科学术语，教师可以引导学生用自己的话去解释。

4. 拓展

在这一环节中，教师引导学生利用所学的知识和技能去解释和解决新问题和新现象，这不仅拓展了学生对新概念的理解，还拓展了学生的知识概念体系。

5. 评价

评价环节是学生学习过程中的一个重要环节。它不是独立存在的，而是贯穿于整个教学过程中的，每一个环节都需要进行评价。评价不能局限于对学生学习成果的评价，还要对学生的学习进程做出评价。在学生建构新概念和对新概念的拓展运用过程中，教师需要加以观察，鼓励学生自评和互评，鼓励他们对自己的观点加以检验，重新审视自己的活动过程。同时教师也可以通过多种评价方式对学生进行过程性评价与总结性评价，为学生和教师提供反馈。总之，评价环节要注重多种评价方式相结合，并渗透于整个教学过程中。

（二）5E自然教学模式的使用

5E自然教学模式从根本上契合了我国中小学科学课程的基本理念，可以应用于小学科学课程。同时，它更适用于具有体验性、探究性、活动性的劳动教育课程。

拓展阅读

5E自然教学模式在实施时，每一个环节可以采取哪些活动才能达到每个环节的要点和要求？教师要提供什么样的教学支持？怎样通过学生的行为来检验实施结果？5E自然教学模式各个环节是否得到有效实施？针对以上问题，2005 年，美国密苏里州中小学教育课程服务科学顾问 Linda Lacy，基于 1997 年 Bybee 的《实现科学素养：从目的到实践》(Achieving Scientific Literacy: From Purposes to Practices) 中结合自身教学经验总结制订了 5E 自然教学模式的科学学习经验表，并将其应用于模型课程开发。

Linda Lacy 5E 教学模式科学学习经验表

二、5E 自然教学模式的教学设计

5E 自然教学模式的教学设计，我们从小学科学素养类课程来说，这类课程可以在课堂上进行，也可以在课外、在荒野进行，学生在参与、体验的过程中，付出一定的劳动和努力，进行探究性的学习。以《第一次遇见科学》为例，《第一次遇见科学》是一套系统性的科学启蒙课程，由上海市少年儿童出版社"十万个为什么"出版中心与美国国家地理学习公司基于版权合作联合打造而成。在双方就课程内核、打造本土化产品的方法、产品本身的意义等方面达成共识的基础上，结合 2017 年新的小学科学课程标准的要求，经过多年时间的打造而编撰出版的，并在多处公立图书馆、教学机构等场所进行教学验证修订。2017 年，响应已颁布的小学课程标准的新要求，与美国国家地理公司签署资源合作协议，研发小学科学启蒙课程，并在上海市进行了多种场景下教学验证。

《第一次遇见科学》的科学课程依托 5E 自然教学模式，旨在切实解决中国科学启蒙教育中遇到的问题，帮助教育从业者与有远见的家长共同培育儿童学习科学的思维方式、了解获取知识的方法、理解科学作为认识世界方式之一的范畴，拥有辨别、推理、批判性思维的能力。[①] 该课程具体的 5E 自然教学模式流程如图 8-6 所示。

---

① 刘丹丹. 小学科学 5E 教学模式研究：以《第一次遇见科学》为例［D］. 上海：上海师范大学教育学院，2020.

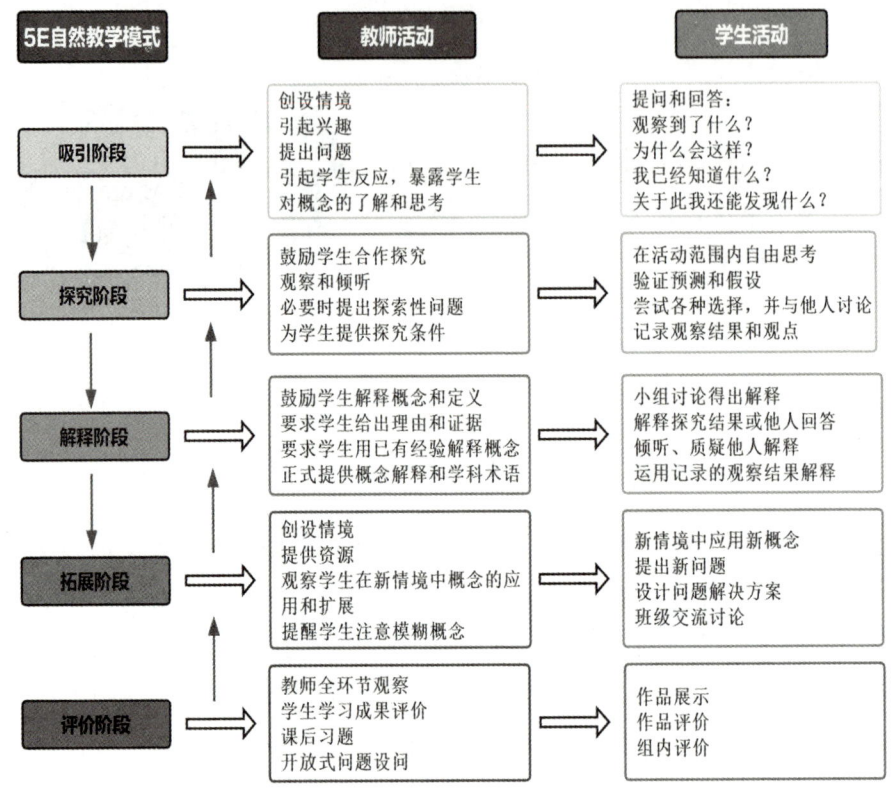

图 8-6　5E 自然教学模式流程

表 8-1　5E 自然教学模式课堂观察表

5E 教学模式	环节要点	教室活动	学生活动
吸引环节	1. 了解学生已有的经验和前概念，引发学生认知冲突； 2. 吸引学生注意，激发学生学习兴趣。		
探究环节	1. 学生为探究主体； 2. 学生产生好奇心，自主提出探究问题； 3. 学生自主进行探究活动，教师观察、倾听，恰当给予引导。		
解释环节	1. 搭建解释平台，学生阐述所得，解释原因；（初步形成科学概念） 2. 进行科学解释；（完善科学概念） 3. 联系学生已有经验，探究活动证据。		

续表

5E 教学模式	环节要点	教室活动	学生活动
拓展环节	1. 建立拓展活动，应用新概念，概念巩固； 2. 创设新情境，解决新问题，跨学科领域，概念迁移。		
评价环节	1. 学生对概念的理解和能力发展情况； 2. 学生各环节表现情况； 3. 教学过程反思。		

从表 8-1 可以看出，5E 自然教学模式课堂观察表主要由吸引环节、探究环节、解释环节、拓展环节和评价环节五个环节构成。每一个环节有其对应的要点，这些要点是 5E 自然教学模式中每个环节需要达到的具体要求，这些具体要求可以对应课堂教学中的教师活动和学生活动。

三、5E 自然教学模式的实施

5E 自然教学模式是基于建构主义理论的一种探究式教学模式，其目的是通过激励和引起学生认知冲突来促进学生的体验性学习，教师鼓励学生进行更高层次的思考。但这并不是说，通过这样的模式，学生对学习内容产生兴趣，从而批判性地分析和吸收新概念和新知识。相反，5E 自然教学模式提供的是教师在构建学习环境方面一个切实可行的参考，以促进学生与学习环境的互动，发展学生的分析、反思和批判性思维等。

5E 自然教学模式与劳动教育的结合可使劳动教育课程的实施具有探究性、参与性、体验性的特征，更好地促进学生认知世界、探索知识。

案例 8-2

桂林阳朔柚子军学校的户外宿营、户外生存、了解使用农具的劳动课程与安徽荒野科学教育咨询有限公司的荒野自然教育课程都是使用 5E 自然教学模式进行的课程设计。

以荒野科学的周末户外版劳动教育课程"水质净化师"为例，来看下 5E 自然教学模式是如何与劳动课程结合实施的。

吸引环节：首先进行吸引环节的导入：地球上那么多水，为什么还会缺水？我们每天都消耗大量的净水，这些水是如何净化的呢？产生的污水又去了哪里？地球自身，有没有水净化的机能？

探究环节：学生分小组领取任务，在老师的指导下，对实地相关知识以及净水相关原理产生兴趣，并在学习探索净水原理后设计出一个简易的净水器或净水装置。

图 8-7　领取劳动任务

图 8-8　荒野探寻水源

图 8-9　采集水样

图 8-10　观察水样

图 8-11　简易净水器使用

图 8-12　净化水样

（本案例图片由荒野科学自然教育工作室提供）

解释环节：学生根据小组任务和参与劳动的具体内容，进行总结与交流分享，并说明自己所做的事情的依据，是否有原理应用或者形成科学新观点。

拓展环节：学生以小组为单位，每个人都参与其中，分工协作，探寻水源，取水样，观察水样，并尝试制作简易的净水器。如果失败，反思原因，重新动手尝试。

评价环节：是否熟练掌握了 TDS 检测笔和九合一检测纸的使用方法，能否根据自己的观察得出实地取得的水样需要被净化，是否观察了大自然的净水方法并成功制作净水装置。

第 3 节　任务驱动式教学法

任务驱动式教学法源于美国教育家杜威（John Dewey）以实用主义作为教育理论基础而提出的"学生中心，从做中学"的教育模式。在任务驱动式教学法中，需要课程教师把教学内容设计成一个或多个具体任务，学生通过完成系列的指定任务，掌握相应教学内容，实现总体教学目标。它是一种以学生主动学习为主、教师适当引导为辅的教学方法，本质是通过任务来激发学生的成就动机。它有助于激发学生的学习动机和积极主动性，提升学生提出问题、分析问题、解决问题的能力；有助于培养学生的创新及团队协作精神、实践能力，对学生的元认知发展、自主探究能力和科学思维品质具有促进作用。[①]

一、任务驱动式教学法的内涵

（一）内涵

任务驱动式教学法是以建构主义教学理论为基础，以既能够激发学生学习动机、又与教学内容紧密结合、富有趣味性的任务为载体，学习者通过完

---

① 刘建强. 任务驱动：科学探究教学的重要策略 [J]. 教育研究与实验，2015（1）.

成某项任务获取知识与技能的一种开放式、探究式教学模式。任务驱动式教学方法体现了以任务为明线、以提高学生知识掌握与技能应用为暗线、教师为主导、学生为主体的基本特征。[①]任务驱动式教学法是一种建立在建构主义学习理论基础上的教学法。它以建构主义学习理论为指导思想，要求学习者是学习的主动建构者，强调学生的学习主体地位，发挥教师的主导作用，突出任务的目标性和真实情境创建，使得学生带着真实的任务在探索中主动学习，培养学生从实际问题出发提出问题、分析问题、解决问题的能力。因此，任务驱动式教学法是指在整个教与学过程中，借助教师和学习同伴的帮助，让学生在若干具体任务的驱动下，通过自主探索和互动协作，掌握基本知识和技能。

（二）特点

任务驱动式教学法是以建构主义理论为基础，教学过程强调以学生为中心、教师为主导，教学模式呈现开放性，强调学生积极参与、自主探究和合作学习，实现了理论教学与实践教学相结合。主要特点有：

1. 以教师为主导

教师是意义建构的帮助者、促进者，而不是知识的传授者与灌输者。教师要能够激发学生的学习兴趣，帮助学生形成学习动机，创设尽可能真实的问题情境，在可能的条件下组织协作学习，并对协作学习过程进行监控、引导，最大限度地发挥学习者的自主性、能动性和创造性。

2. 以学生为主体

在任务驱动式教学法中，教师给学习者布置具体的任务，但并不指定完成任务的唯一途径。学生应该是信息加工的主体，是知识意义的主动建构者，而不是外部刺激的被动接受者和被灌输的对象。在建构意义的过程中，要求学生主动去收集并分析有关的信息，对所学习的问题能够提出各种假设并加以验证。

3. 以任务为主线

任务是串联整个任务驱动教与学过程的学习活动线索，所有的教学活动

[①] 郭绍青. 任务驱动式教学法的内涵[J]. 中国电化教育, 2006（7）.

都围绕任务而展开。任务要做到既循序渐进，激发学生的学习兴趣和学习主动性，又能促进学生发展，明确学生的学习目标和学习动机，提高学习效果。

在任务驱动式教学法中，每完成一个任务，都需要发挥学生的主观能动性和创造性，学生在主体认知生成过程中自然地融入自己的创造性见解。任务可以激发学生浓厚的学习兴趣和求知欲，促使学生自主探究和能动学习，促进学习方法的转变，具有较好的教学效果。任务驱动式教学法自20世纪80年代开始引入我国教育领域，一开始只是涉足于语言类课程教学，近几年在国内高校各学科教学中均得到了一定程度的应用，主要应用于实验性、实践性与操作性较强的课程教学。

二、任务驱动式教学法的基本环节

任务驱动式教学法的实施过程通常包括设计任务、提出任务、分析任务、自主协作完成任务、交流评价五个环节。

（一）设计任务

任务驱动式教学法，就是在一个个典型任务驱动下展开教学活动，引导学生由简到繁、由易到难、循序渐进地完成一系列任务。在完成任务的过程中，培养学生分析问题、解决问题的能力，建构真正属于自己的知识与技能。因此，任务设计的质量直接影响到教学效果。所以要求教师在课前要认真分析教材，在把握教学总体目标的基础上，把总目标细分成一个个小的目标，并把每一个学习模块的内容细化为一个个容易掌握的任务，通过这些小的任务来体现总的学习目标。同时，在设计任务时教师要掌握学生情况，根据学生现有的文化知识、认知水平、兴趣、年龄等特点和设计任务的原则，设计教学任务，写出任务和学习进程。另外，任务的设计也不应只局限于书本知识，而应具有发散性和挑战性，让学生感觉有充分施展想象力和创造力的机会。

（二）提出任务

设计好任务之后，教师要创设与当前学习主体相关的、尽可能真实的学习情景，引导学生带着真实的任务进入学习情境，使学习直观化和形象化。生动直观的形象能有效地激发学生联想，唤起学生原有认知结构中有关知识、经验及表象，从而使学生利用有关知识与经验去"同化"或"顺应"所学的新知识，发展能力。

（三）分析任务

给出任务之后，教师不要急于讲解，任务分析是必要的过程，教师通过启发和帮助，让学生对该任务进行分析，产生一系列需要分别独立或者依次可以完成的子任务，并找出哪些要用到旧知识，哪些需要新知识，从而使学生明确学习目标，激发学生学习新知识的积极性。由教师指导或组织进行的任务分析是重要的环节，有助于帮助学生形成解决问题的正确思维方式与学习方式。一般来说，任务分析的工作包括两个方面，一方面是进行任务分解；另一方面则是找出解决问题的关键点（突破口）。

（四）自主协作完成任务

任务驱动式教学法强调学生独立探索、亲自完成任务的全过程，以培养学生用探索去获取知识与技能的能力以及与他人合作的能力。因此，教师尽量不要直接告诉学生应当如何去解决面临的问题，可以向学生提供解决问题的有关线索或资源，由学生个人或者分组去独立完成任务。

（五）交流评价

交流评价与归纳是总结、反思与巩固的阶段。在学生群体各自完成任务后，要组织交流，相互介绍中间的成果或者最后的作品。交流的目的一方面是通过相互评价，提升学生对作品的评价能力，鼓励学生发挥创新精神，创造有特色的作品，另一方面是总结完成的过程方法，发现和解决倾向性问题，促使学生进行反思，把所学会的知识内化。评价可以采用自评、组内互评、组间互评、点评等多种评价相结合的方法，使评价公平、公正。

三、任务驱动式教学法实施的注意事项

（一）设置任务应遵循一定的原则

教师在授课的过程中，要以学生的已有知识为基础，按照学生的认知规律，遵循先易后难、先具体后抽象的原则，还要通过一系列问题来激发学生的学习主动性和加深对一些概念的理解。有一些知识如果只通过教师讲述，学生在字面上可以接受，但在理解深度上往往难以达到令人满意的效果。在任务驱动式教学中，任务的设计就显得尤为关键，在实践中设计任务时要注意：

1. 任务要现实有趣

任务要与学生的生活相联系，符合学生的年龄、心理特点。任务要能激发学生的学习兴趣，吸引他们主动参与并能给他们以更多的创造空间。因此，不能提出一些枯燥乏味的任务，迫使学生去完成。

2. 任务要系统有度

任务所涵盖的知识应具有紧密的联系，适宜学生现有的知识水平和能力，让学生有"跳一跳，摘到果子"的成功喜悦，也要有利于学生形成系统的知识和解决问题能力的提高。

3. 任务中的重点问题要突出

教师要故意给出一些错误，给学生设计一些陷阱，让他们自己去发现，把错误的地方改正过来。教师强调知识点，让学生加深对重点知识的理解。

4. 对学生完成的任务要有具体评价

评价是教师掌握学生学习情况的有效途径，也为教师设置下一项任务提供依据。通过具体的评价，学生完成的任务得到肯定，这也是对学生学习的一种有效激励。

（二）实施任务驱动式教学法，教师必须进行角色转换

任务驱动式教学法有"以任务为主线、教师为主导、学生为主体"的基本特征，遵循的是"先学后教"的教学原则，因此教师必须进行角色转换。

一是从讲授、灌输转变为组织、引导；二是从讲台上讲解转变为走到学生中间与学生交流、讨论，共同学习。任务驱动式教学法的本质应是通过任务来诱发、加强并维持学生的成就动机。成就动机是学生学习和完成任务的真正动力系统。教师要努力创造条件引导学生完成任务，但不能过多地干预，否则学生就无法真正体验到成功的快乐。同时，教师还必须保护学生的好奇心，提高他们发现问题和提出问题的勇气，让他们在这个过程中学会学习，从而真正培养学生较强的自学能力、创新能力和实践操作能力。

任务驱动式教学法不仅仅要"授之以鱼"，更强调"授人以渔"，强调创新能力的培养与全面素质的提高，是对传统教学的发展。在教学过程中，教师一方面要通过引导，把握整个教学过程的内容、进度和方向，给学生以思考的机会和时间，让他们有尽可能多的时间进行自主学习；另一方面，教师要采取多种方式，激活学生的思维状态，传授思维方法，鼓励互相合作，进一步促成学生的意义建构，形成新的认知结构。

案例 8-3

北京市海淀区中关村第二小学百旺校区有一个以"快乐农庄"命名的农业基地，供学生在校劳动实践。由每个班级认领一块试验田，学生亲自照料植物。在"春生、夏长、秋收、冬藏"季节的变换中，学校以任务驱动让学生在动手体验、成长收获中体悟自然之美和劳动过程的快乐。六年级的学生种的是白菜，从选取任务到翻地、播种、浇水、除草，学生在老师的组织带领下，分组热情地参与其中。金秋时节，六年级的学生惦记着"秋收"这件年度大事，撸起袖子准备收白菜，不仅享受收获的喜悦，还参加各班组织的班级竞赛，评比"秋收"质量。白菜收获完成，随即被送往学校食堂炒熟成盘。学生们吃着自己亲自照顾，亲手采摘的白菜，心满意足。

中关村第二小学百旺校区的该项劳动教育课程的设计与实施就采用了任务驱动式教学法，不仅实现了任务现实有趣，且系统有度，通过组织比赛对劳动成果进行评比、评价，实现了任务驱动式教学法中不仅"授人以鱼，且授人以渔"的价值理念。

第4节 项目完成法的评价

在基于标准的课堂教学中,"教"是帮助学生实现目标的指导活动,"学"是实现目标的学习活动,"评"是监测目标达成情况的评价活动。简言之,所教即所学,所学即所评,所评即所教。因此,评价与教学之间的关系是整合在一起的。

教育评价是为了更好地总结与反思。在项目完成法的过程中,教育评价在劳动教育实施过程具有监督与导向的作用。它给教育管理部门和学校提供鉴定和管理依据,对老师和学生有诊断和激励的功能。

劳动教育课的开展过程是否扎实有序,目的是否有效达成,需要通过教育评价进行鉴定。鉴定结果为完善课程设计、规范教学过程、加强教师的专业培训、提高承办方(供应方)的服务质量和基(营)地的改造提升等方面的有效管理提供数据支撑。

一、项目完成法评价的内容

(一)对学生的评价

PBL注重学生对小组成员、学生对导师的及时评价和反馈,把学生的观点和看法放在一个重要的地位,注重倾听学生的声音。

考虑劳动教育课程评价的可操作性和易操作性,对学生的评价可以从过程性评价和成果性评价两个方面进行。在过程性评价和成果性评价中遵循和融合目标取向评价、过程取向评价和主体取向评价的基本理念,综合使用量化评价和质性评价的方法,使对学生的评价更科学、更全面、更容易操作。

过程性评价侧重于对学生在学习过程中的行为表现进行评价。而我们在这里所要讲的成果性评价是指依据外显的学习成果和内化成果中的知识成果所进行的评价。内化成果中的知识成果可以在外显的成果中表现出来。成果

劳动教育教学方法

性评价侧重于对学生通过学习所获得的物化的成果进行评价,见表 8-2;也可进行量化评价,量化评价通常以分数呈现评价结果。但在劳动教育过程中,因为课程评价参与的主体是中小学生,建议以优秀、良好、中等、合格、不合格的方式来展示成绩,尽量不做具体的量化性分数体现,但要设置评判标准和细则。

表 8-2 劳动课程自我评价表

劳动课程名称		填写人		自评(选择 A/B/C 选项)
劳动课程时间		日期		
课程与活动参与性	准备好项目内容与讨论	A.优秀	B.良好	C.待提高
	完成自己承担的课程任务	A.优秀	B.良好	C.待提高
	积极提出观点与创意	A.优秀	B.良好	C.待提高
	乐于合作与分享	A.优秀	B.良好	C.待提高
学习方法	乐于探究,勤于动手	A.优秀	B.良好	C.待提高
	态度端正,善于反思	A.优秀	B.良好	C.待提高
	提炼信息,提高归纳能力	A.优秀	B.良好	C.待提高
	综合运用,提高统筹能力	A.优秀	B.良好	C.待提高
团队协作	发挥个性特长	A.优秀	B.良好	C.待提高
	项目设置含尊重他人,欣赏队友内容	A.优秀	B.良好	C.待提高
	能够分工合作,各展所长	A.优秀	B.良好	C.待提高
创新实践	课程设计运用新技术、新思路	A.优秀	B.良好	C.待提高
	能用更好的办法解决问题	A.优秀	B.良好	C.待提高
劳动成果	预期成果达到程度	A.优秀	B.良好	C.待提高
	成果的可信度,实际水平	A.优秀	B.良好	C.待提高
	劳动成果展示与分享	A.优秀	B.良好	C.待提高
收获与心得				
备注				

学生的自我评价来源于监控和引导理论，目的是自我监控和引导、自我评价和反思。

（二）对课程的评价

对劳动课程的规划、设计、实施过程及实施效果的评价，是对学生的评价之外的重要评价内容。课程的主办方和承办方都需要在课程结束后完成这项评价工作。通过课程评价结果，主办方可以为下一期课程开展或招标提供参考依据，并将评价结果提供给承办方作为课程修订的参考。通过课程评价，承办方一方面对课程进行修订，另一方面积累课程设计与实施经验，为改进工作提供依据。如果课程是由承办方委托第三方设计的，承办方的课程评价也是对第三方课程设计水平和质量的检验。如果之前有有关课程设计质量的合同条款，评价结果也是履行合同的约定项目的依据。

课程评价指标应依据外显的成果和内化的成果分类进行。依据成果类型可以指定一级和二级评价指标体系。过程性评价的一级评价指标依据内化成果——除知识成果类型以外的三种成果类型制订。二级评价指标在对该成果类型进一步细分的基础上制订可清晰界定、易操作的评价指标。课程评价表见表 8-4。

（三）对劳动基地的评价

对劳动基地的评价是对课程实施过程和实施结果评价的重要组成部分。

1. 对劳动基地工作评价的主要内容

对劳动基地的工作评价，首先要对基地履行合同义务的情况做出评价。这些合同义务主要有：

第一，学习计划的执行情况。劳动教育项目实施过程是不是按照协议的学习计划完成了所有学习单元的学习，如果有学习单元内容的调整，是不是属于不可控因素，调整之前是否征得了主办方的同意。

第二，交通工具的使用情况。交通工具是否符合协议规定的标准，是否更换了交通工具，所选交通工具是否安全可靠。

第三，食宿标准执行情况。食宿情况是否符合协议规定的标准，是否更换了食宿标准。

第四，劳动课程开展的工作团队结构是否符合协议规定。团队是否按照协议要求配备了队医，是否按照要求配备了安全员，教师的数量和工作水平是否符合要求。

2. 劳动基地课程实施能力的情况

劳动基地的课程实施能力是课程实施效果的决定因素之一。这些能力主要表现在指导教师对课程内容的理解和熟悉程度及对课程知识掌握的程度，指导教师对学生学习过程的指导能力、对课程教育意义的了解程度，以及对课程实施过程的组织能力。主办方可以从以上几个方面对基地课程实施能力做出评价。

3. 劳动基地管理服务的情况

劳动基地的管理服务工作包括对学生的管理与服务、与学校带队老师的协调与配合、对供应方的协调与调度。对基地管理服务情况的评价可以从这三个方面进行。

第一，对学生的管理与服务。基地对学生首先有管理的职责，对学生在学习过程中的时间节点、纪律表现、行为表现有教育、约束和引导的义务。同时，承办方也必须为学生提供应有的服务，包括对学生出现的各种意外情况进行及时处理，比如证件遗失的处理、意外伤害和突发疾病的救治等。

第二，与学校带队教师的协调与配合。在课程实施过程中，学校带队教师有代表学校监督协议执行的责任，承办方的项目组长应及时就学生管理问题、线路计划的变更情况、课程实施的情况及时与学校带队教师进行交流，及时落实学校带队教师提出的问题。

第三，对供应方的协调与调度。供应方包括学习景点地接方、交通工具提供方、住宿酒店、餐饮提供方等。基地对这些相关供应方协调与调度的情况体现承办方的工作经验和工作能力。

二、项目完成法评价的方法

（一）"三位一体"评价法

"三位一体"评价法是一种涵盖范围和内容相当广泛的评价方法，适用于多种环境和评价范畴。比如社会、家庭、学校"三位一体"展开内容设计的评价；又比如学校管理发展、教师管理发展、学生学习过程发展"三位一体"展开学校管理教学的评价。劳动教育的评价可以根据要评价的内容和评价目标定向"三位一体"评价法的价值定向，或者素质教育层面价值体认、实施过程、学习成果进行"三位一体"联动评价。

（二）表现性评价法

在我国，表现性评价主要是围绕着课堂教学来展开的。表现性评价对学生、教师和校长具有教育性。斯坦福大学学习、评价与公平中心的表现性评价研究团队认为，表现性评价的打分、反馈和结果等伴随着教学同时发生，对于学生来说是经历了一次动手学习活动，其本身就是学习的过程。对于教师来说，表现性评价不仅仅提供标准答案，更加关注寻找正确答案的过程，而教师则从这个过程中获得了学生学习进展的反馈。学生也能够根据评分规则获得自己学习的进展，为自己的学习负责。

表现性评价能够改进教师的教学。支持教师在课堂中使用表现性评价。这种评价更能对教师的教学目标产生积极的影响，可以明显地改进教师的教学。

在劳动教育的课程实施中，我们根据不同的项目使用不同的评价方法，不管采用哪种方式，都应该兼顾公平和关注学生心理承受的问题。建议以目标任务来激励学生，这种方法能使学生的行为朝着既定的目标努力，哪怕取得一点成绩，都会激发他们的进步，也达到了劳动教育的目的。

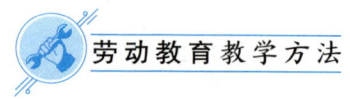

思考与练习

1. PBL 项目式教学法的步骤是什么？
2. 5E 自然教学模式的内涵是什么？
3. 说一说任务驱动式教学法的基本环节。

参考答案

第 9 章
专项劳动教育教学方法

本章导读

本章首先介绍了专项劳动教育教学方法的概念,其次全方位分析总结了大中小学生不同学龄段的生产、生活和服务三个方面专项劳动教育教学方法的运用,并通过内容举例剖析本专项劳动教育教学方法。

学习要求

通过本章的系统学习，了解专项劳动教育教学方法的基本内涵，重点掌握不同学龄段专项劳动选取尤其是在生活性、生产性和服务性劳动教育的专项内容科学设计等，最终达到能够灵活运用的目的。

思维导图

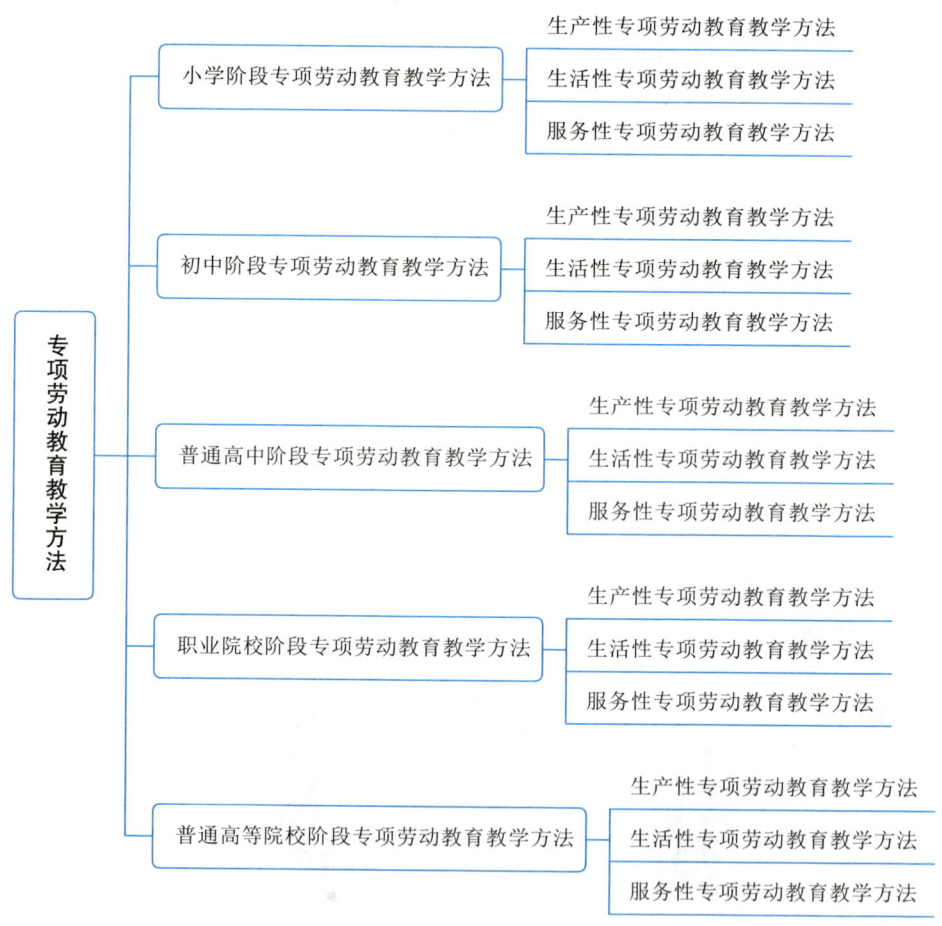

第9章 专项劳动教育教学方法

专项劳动教育教学方法是指根据不同的劳动对象不同需求，围绕劳动教育教学目标，以完成专门劳动项目的形式对教育对象实施劳动教育教学的方法。专项劳动教育教学方法可以运用于小学阶段、初中阶段、高中阶段、职业教育和高等教育等的劳动教育中。

第1节 小学阶段专项劳动教育教学方法

小学阶段专项劳动教育教学方法的运用前首先要了解小学阶段的劳动教育具体目标，由于小学阶段年龄跨度较大，所以教育部在制定的课程标准中又把目标细分为三个阶段，分别为：第一学龄段（小学1~2年级）、第二学龄段（小学3~4年级）、第三学龄段（小学5~6年级），针对不同年龄段分别进行因材施教。

一、生产性专项劳动教育教学方法

下面分别从小学第一学龄段、第二学龄段和第三学龄段三个阶段，分类介绍各阶段学生的心理特点、劳动形式、劳动素养要求和建议，具体见表9-1。

— 185 —

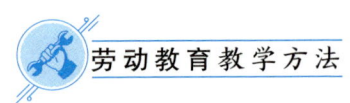

劳动教育教学方法

表 9-1　生产性专项劳动教育教学方法

学段	劳动形式	劳动项目	设计要求	实施建议
小学第一学龄段（1~2年级）：年龄小、新鲜好奇、注意力不集中、情绪化明显、合群尊师、好动模仿、依赖性强、活泼好动	农业生产类	种植和养护各种当地常见的水培或土培植物或饲养各种小动物	要积极利用周边现有资源组织实施，并根据场景的不同进行有的放矢的专门指导	以班级为单位，专门设置养殖土培吊兰、水培水仙等；饲养白鸽、兔子等专项农业生产劳动
	传统工艺制作类	选择传统工艺制作项目	要结合节日生活情境，科学合理地开展传统工艺制作劳动	集体专项折纸艺术劳动、专项捏制泥人艺术劳动、专项绳编织艺术劳动
小学第二学龄段（3~4年级）：问题多，建议多，喜欢指手画脚，看、听、模仿是他们与外界互动的主要形式，他们的思维相对较为活跃，跨度很大，学习很容易受到外界因素的干扰，而且开始出现叛逆的苗头	农业生产类	基本掌握1~2种当地常见蔬菜的种植方法，或者是1~2种家禽饲养方法	可以联合劳动教育基地，选择当地1~2种常见的应季蔬菜进行种植	春季可以设计种植番茄、黄瓜，夏末秋初安排种植大白菜等专项劳动，或者根据基地经营范围，合法合规选择1~2种家禽，如鸡、鸭和鹅等进行饲养类专项劳动，体验学习种植蔬菜、饲养家禽的部分过程与方法
	传统工艺制作类	选择1~2项传统工艺制作专项劳动项目	可以联合劳动教育基地、传统工艺大师或非遗传人开展专题劳动教育，使学生了解传统工艺制作的技能和方法	春节根据中国人民贴窗花的习俗，设计剪窗花的劳动项目，让学生设计和制作窗花；也可在元宵节开展手提小灯笼的设计与制作专项劳动
小学第三学龄段（5~6年级）：竞争意识增强、团队意识明显、羡慕优秀者和不轻易吹捧别人	农业生产类	种植与养护当地常见的各种蔬菜、盆栽花草和果树等，或根据区域相关规定，合法合规饲养各种常见家畜，如兔、羊等	学习的知识与农业生产新技术、新模式结合起来	基地的大棚种植、农业现代产业园里的立体农业、智慧监测养护等现代化种植和饲养技术结合起来
	传统工艺制作类	选择1~2项传统工艺制作项目，如陶艺、纸工、布艺、编织、印染、皮影、木版画等	自行设计并制作出有一定挑战难度的传统工艺作品	专项主题印染劳动、茶艺制作劳动、风筝的制作劳动

续表

学段	劳动形式	劳动项目	设计要求	实施建议
小学第三学龄段（5~6年级）：竞争意识增强、团队意识明显、羡慕优秀者和不轻易吹捧别人	工业生产类	选择1~2项工业生产项目，如木工、金工、电子等	使学生能够掌握某项工业生产劳动项目的工具、设备使用和操作方法	木制益智类玩具七巧板、音乐小门铃、孔明锁、音乐贺卡等小学生喜闻乐见的劳动项目；产品的组装和包装等
	新技术体验与应用类	选择各项新技术，如三维打印技术、激光切割技术、智能控制技术等	使学生掌握某项新技术的应用	运用神奇的三维打印技术，自主设计和打印个性化文具盒和口杯等，运用激光切割技术，设计并制作自己喜爱的个性化玩具等；在实验室里运用智能控制技术，模拟实现红绿灯自动控制和抢答器等

图 9-1　在农业生产劳动中学打绳结

二、生活性专项劳动教育教学方法

生活性专项劳动每天都真实发生在每个学生面前，我们每个人每天必须面对自己和他人的生活性劳动，如清洁、卫生、整理和做饭等，因此生活性专项劳动是人一生相伴的劳动。

劳动教育教学方法

表 9-2 生活性专项劳动教育教学方法

学段	劳动形式	劳动项目	素养要求	实施建议
小学第一学龄段（1~2年级）	清洁和卫生类	以开展简单的清洁劳动为主，如用扫帚扫地和用抹布擦椅子等；选用适合儿童洗涤的用品去洗碗筷等餐具；用儿童专用肥皂和洗衣液洗红领巾和袜子等简单的劳动内容	要求学生掌握清扫地面、洗小件衣物等简单劳动的方法，养成讲究个人卫生的意识和习惯。养成不随便扔垃圾的习惯，初步建立垃圾分类的意识和维护公共卫生的意识。在清洁地面、衣物、桌椅等过程中，感受劳动的快乐，愿意参加劳动	班级适时开展专项清洁和卫生打扫劳动，要求每位同学都有具体劳动任务。通过"清洁小卫士""卫生小模范"等活动，营造积极的讲卫生爱劳动的班级氛围
	收纳和整理类	在学校或劳动基地内设置专门的情境，给学生开展专项收纳与整理自己的生活和学习用品的专项劳动，如设置一个特定房间模拟乱放的衣物、玩具、书本、文具等，让学生学习收纳和整理专项劳动	使学生基本掌握日常生活中简单的收纳与整理的技巧和方法，养成及时自我收纳与整理的生活劳动习惯，具有自己管理生活和学习用品的能力，在生活专项劳动中体悟生活劳动的艰辛和快乐	把专项收纳和整理劳动课放在当天的最后一节课，可以要求学生先从自己的书桌开始，再到文具盒和书本，最后是书包，组织学生分组互相检查评比书包里的文具和书本整理效果
	营养烹饪类	只能参与一些简单安全的家庭烹饪劳动	在烹饪劳动情境中安排食材的粗略加工的劳动教育教学内容，在安全的前提下使学生掌握日常简单烹饪工具和器皿的使用方法及安全注意事项。培养学生日常生活安全劳动意识，树立"自己的事情自己做"的日常生活自理劳动意识。初步学会科学的水果和蔬菜的营养烹饪的劳动意识和能力	可以让学生在教室里剥香蕉和橘子等水果，并品尝其美味，同时还安排学生剥蒜瓣和洋葱，让学生体验其辛辣

第 9 章 专项劳动教育教学方法

续表

学段	劳动形式	劳动项目	素养要求	实施建议
小学第二学龄段（3~4年级）	清洁和卫生类	在日常生活方面要求用合适的洗涤用品清洗自己的鞋子、内衣和书包等；在班级卫生内容方面要求正确使用卫生工具，将桌椅摆放整齐，劳动需要一定的技术和体力；垃圾分类投放，掌握消毒纸巾、棉球和洗手液的正确使用	学生能够正确使用简单的卫生工具和日常消毒物品，具有打扫卫生的劳动能力和个人防护能力，重点突出能力素养。要求学生具有用劳动创设洁净的生活环境和优美的学习环境的意识、公共卫生安全意识，展现意识素养。养成良好的个人清洁卫生习惯，培养学生热爱劳动的态度，初步学会与他人合作劳动等素养方面呈现明显	建议家校联动，学校劳动老师提要求，家长按照要求指导学生尝试清洗自己的鞋子和书包等，并通过现代先进的网络技术，以图片、视频等多种方式在班级群里展示、分享、交流劳动过程与成果。
	收纳和整理类	定期整理居室里的书柜、衣橱、鞋柜和教室里的"图书角"、卫生柜、讲台桌面	掌握居室或教室内物品收纳与整理的方法，理解及时收纳与整理能让我们的生活和学习环境变得更加美好和整洁的道理，使学生初步形成自觉热爱劳动的态度。逐步养成及时收纳、分类整理的良好劳动习惯。真正做到学生做事有条理、收纳有规律、整理有方法的生活基本素养	要求学生从物品数量、劳动范围、劳动要求三个维度设计专门性劳动项目，如整理学习用品、整理生活用品、整理整个衣橱专题等
	营养和烹饪类	用简单的烹饪器具对食材进行切配，按照一般流程制作凉拌菜、拼盘，学习用蒸、煮方法加工食材	学生能进行简单的凉拌、蒸、煮等烹饪劳动，能够基本解决自己生活的饮食需求。初步形成日常生活自理能力，初步建立健康饮食的观念，有意识地克服偏食挑食的不良生活习惯。初步具有食品安全意识。能够正确认识烹饪劳动的价值，形成热爱劳动、尊重普通劳动者的观念	建议家校联动，运用专项劳动教育教学方法实施劳动教育，例如以"早餐达人""厨房新秀"等活动开启专项劳动教育教学

- 189 -

续表

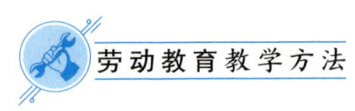

学段	劳动形式	劳动项目	素养要求	实施建议
小学第二学龄段（3~4年级）	小家电使用和维护类	正确使用各种家庭常用小电器，如电风扇、电饭煲等	初步掌握小家电的使用方法，会根据日常生活需要选择与使用，培养学生具有家用电器正常保养维护和安全使用的意识，获得生活必需的自理能力。养成小家电用后及时清洁、收储合理的良好生活劳动习惯	建议家校联动，可以通过创新设计对比情境展示小家电的不同妙用方法，促进学生能够掌握日常小家电的正确使用和科学维护的方法
小学第三学龄段（5~6年级）	收纳与整理类	清理和合理处置使用过的教科书、课外读物、用过的练习簿、不再玩的玩具以及不再穿的衣物等	具有较高的整理与收纳的能力，懂得有依据地收纳整理与取舍，建立及时整理、清洁以及清除学习和生活环境中的病原微生物的意识。体悟劳动对于创造美好生活的意义，具有初步的劳动筹划思维和家政劳动能力	在劳动之前，要了解所有进行劳动实景空间里的物品是否需要、占据空间大小，并进行劳动规划，制订解决问题的劳动方案。建议收纳整理的专项劳动实践要有一定的科学依据，如收纳整理的必要性、合适性和整洁性等。同时让学生关注操作过程中的安全、规范等
	营养烹饪类	用简单的炒、煎、炖等烹饪方法制作2~3道家常菜	使学生能够通过营养搭配为家庭设计餐食，能够掌握常用的煎、炒、炖、煮等烹饪方法和手段。养成营养搭配健康饮食的良好生活习惯，具有注重食品安全的意识。树立乐于为家人服务的劳动观念和家庭责任感	通过现场参观和视频收看等现代教育手段，让学生直观感受煎、炒、炖、煮等烹饪技术要点，并结合日常生活劳动经验，在同学和老师之间交流不同烹饪技术的要点、难点，以及烹饪与营养之间的关系。有条件的学校可以在校内食堂和校外劳动实践基地让学生实践体验，也可以在学校老师要求下，让学生在家长指导下操作，以图片和视频的形式呈现和交流
	家用器具使用与维护类	使用洗衣机的不同功能键，调节洗衣机洗涤不同材质的衣物；使用多功能电饭煲的蒸、煮、炖等各项功能键，满足不同食品制作需求	掌握家庭常用电器的功能特点和使用方法，在日常家庭劳动操作过程中养成耐心、细心的优秀劳动品质，具备运用现代科技进行日常生活劳动的能力。初步养成使用家用器具的良好习惯。感受家用器具对提高家务劳动效率、改善生活品质的重要作用。养成在劳动中勤于观察和乐于思考的优良品质	主要以家用器具的使用为主题开展专项劳动，设计不同难度层次的专项劳动要求，着重要求学生在使用家用器具时注意与其功能改进、节能减排、科技创新、安全教育等方面有机结合，组织学生就某一专题劳动进行深度探究与讨论

第 9 章 专项劳动教育教学方法

图 9-2 家庭收纳劳动

三、服务性专项劳动教育教学方法

服务性专项劳动教育教学方法主要是通过设计服务性专门劳动项目，学生在完成服务性劳动项目过程中培养学生服务意识，掌握服务知识和技能，提升服务能力，达成服务劳动价值观的一种劳动教育教学方法。按照国家和教育部相关文件精神和劳动教育新课标规定，小学 1~2 年级一般不安排服务性专题劳动教育内容，所以下面主要从小学二、三学龄段的现代服务、公益志愿服务类两个层面进行论述，具体见表 9-3。

表 9-3 服务性专项劳动教育教学方法

学段	劳动形式	劳动内容	素养要求	实施建议
小学第二学龄段（3~4年级）	现代服务类	可以在批发和零售业、交通运输、仓储和邮政业、住宿和餐饮业、信息传输、软件和信息技术服务业、金融业、房地产业、教育服务业、卫生和社会服务工作、文化体育和娱乐业、公共管理、社会保障和社会组织等现代服务行业中设定专项劳动内容	使学生初步获得参与现代服务业专项劳动的体验，初步认识服务性劳动具有的类型与特征。体会现代服务业劳动对于创造人们美好生活的重大意义，在心里形成尊重现代服务业劳动、劳动者和劳动果实的核心劳动观念，养成积极参与现代服务业劳动的态度。体验服务性劳动中的创造性及其所具有的挑战与乐趣等方面要求	帮助快递企业分拣快递服务专项劳动，认知现代物流服务属性；在劳动基地的餐厅中利用智能设备服务客人点餐，体验现代餐饮服务的便捷；到银行、钱币博物馆、金融教育示范基地等地方体验现代金融服务的认真和严谨

续表

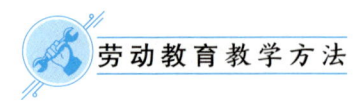

学段	劳动形式	劳动内容	素养要求	实施建议
小学第二学龄段（3~4年级）	公益志愿服务类	主要以校园、社区为主，参加1~2项力所能及的公益劳动与志愿服务劳动	使学生认识到学校、社区中存在多种公益劳动和志愿服务的需求与岗位，培养学生拥有以自己的劳动服务学校、服务社区的信心与能力。养成学生主动关心他人和公共服务意识，体会用自己的服务性劳动为他人创造便捷的自豪感与幸福感；学会与他人沟通交流与合作劳动，形成尊重劳动和普通劳动者积极向上的劳动态度，感恩他人劳动付出的劳动情感等素养要求	可以采取以班级为单位的集体开展服务性专项劳动的形式，如组织城里的学生以班级为单位开展与乡村学校的同年级的班级送图书、衣物、玩具等公益专题劳动。同时在专项劳动过程中，指导学生记录公益专项劳动与志愿服务专项劳动的经历，提供交流与展示服务性专项劳动过程与成果的平台，如开展校园志愿服务项目成果展等活动
小学第三学龄段（5~6年级）	现代服务类	选择新课标中要求的1~2项现代服务性劳动项目进行实操体验。例如，依托学校或社区现有条件，设计现代物业管理服务性专项劳动内容，基于校园文化建设和师生文化需要，定期开展文化作品设计或文化创意服务劳动内容	使学生理解新课标中规定的各项现代服务性劳动的过程和特征，了解人工智能技术等对现代服务行业发展带来的促进作用。增强公共服务性劳动和与人协同劳动的意识。初步认识现代服务业劳动中所涉及的个人信息或人身安全问题。初步体悟服务性劳动中的契约精神，形成诚实劳动的优秀品质。感知爱岗敬业和乐于奉献的劳模精神等专项劳动素养相关要求	结合国家乡村振兴战略，充分挖掘当地农产品的营销需要，利用现代互联网服务技术，设计家乡农产品营销服务劳动方案；结合基地的餐饮服务资源，开展"餐饮服务体验日"专题劳动等。建议充分利用家校优势资源，如聘请在服务行业工作的家长作为志愿者担任指导教师
	公益志愿服务类	学生要参与1~2项公益劳动与志愿服务劳动项目。例如，参与校园绿化环境维护公益劳动和校园卫生监督的学校志愿服务事务管理劳动等内容，用实践劳动为同学和老师提供优质劳动服务；依托地方公共图书馆、科技馆、纪念馆、植物园、动物	使学生充分了解公益劳动与志愿服务中的调查、准备、组织、实施、反思等过程环节，在服务性专项劳动过程中形成发现问题、分析问题和解决问题的能力，关注他人的服务需要，培养学生服务他人的意识与能力，进一步发展专项劳动的筹划能力。形成积极主动参与学校公共事务管理的劳动态度	可以结合国际消费者权益日、老年节、教师节等，开展针对特定社会群体的公益劳动与志愿服务进行专项设计。同时在开展公益劳动与志愿服务专项劳动之前，指导学生进行必要的调研和培训活动，了解服务对象的真实劳动需求，并为进一步运用专项劳动教育奠定坚实基础

续表

学段	劳动形式	劳动内容	素养要求	实施建议
小学第三学龄段（5~6年级）	公益志愿服务类	园、流浪动物的救助站等公共场所与社会机构提供服务性专项劳动，通过学生的实际劳动参与社会公共空间建设服务劳动；关爱人们生命健康等专项劳动教育设计内容	体会社会服务劳动的意义，增强学生的公共服务意识，初步形成社会责任感	

第 2 节　初中阶段专项劳动教育教学方法

初中学生处于青春发育阶段，生理上急遽变化，智力迅速发展，情绪和情感的内容以及形式日渐丰富，主要表现其过渡性、闭锁性、社会性和不稳定性等特点。根据上述学生身心特点，本节依据教育部新课程标准

初中阶段专项劳动教育目标

中的目标，从生产性、生活性和服务性三个领域的劳动，优选收纳整理、营养烹饪、家用器具维护、农业生产劳动、传统工艺制作、工业生产劳动、新技术体验与应用、现代服务劳动、公益志愿服务九大类专项劳动，分别对其内容、素养和方法运用建议进行逐一阐述。

一、生产性专项劳动教育教学方法

本阶段学生的生产性专项劳动教育教学方法运用主要从生产性劳动感知和体验两个层面，由于初中生生产性劳动可选择面较广和本节篇幅所限，所以只重点选择农业生产劳动、传统工艺制作、工业生产劳动和新技术体验与应用 4 个专项劳动进行举例说明和论述。

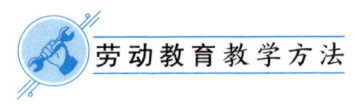

（一）农业生产类专项劳动

1. 内容要求

依据新课标的要求，在内容设计方面要选择各种优良种植或养殖品种，开展系列化种植或养殖专项劳动实践，例如本阶段种植类专项劳动内容要求是组合盆栽、优良农副产品保鲜与加工、水产养殖、稻田立体养殖等复杂劳动内容，体验要求是先进的种植、养殖方式和方法。专项劳动内容设置重心放在其价值体现方面，例如要求初中生从内容上了解中国传统农业特点，分析现代农业与传统农业的区别，理解种植、养殖与生活及经济的关系等。

2. 素养要求

素养要求学生能够结合国家乡村振兴战略，初步掌握根据地方农业基本条件和需求，规划设计优质种植和养殖专项劳动活动，并加以实施的基本技能，形成热爱农业生产、关心农业发展、注重农业安全、食品安全的意识，形成辛勤、诚实、合法劳动及进行创造性劳动的优秀劳动品质。

3. 方法运用建议

因为在自然环境中农作物栽培的季节性较强，同时考虑到种植和养殖的系列化，在学年开始时应提前规划好本年度专项劳动具体实施内容和时间安排。充分结合地方自然环境、季节气候和课程实施条件等因素进行专项劳动教育教学安排，借助视频、图片进行讲解。着重引导学生系统思考，关注农业生产发展、技术发展、爱护动植物等。注重农业劳动的安全，如农药的安全使用、极端天气的应对等。通过座谈、研讨等形式，组织学生与农民、技术人员交流思想，沟通感情，聆听其奋斗经历、农业劳动体会等，感受新时代农业劳动的职业特点，培养学生的农业情怀。

（二）传统工艺制作类专项劳动

此部分内容较小学阶段要求有显著变化，传统工艺制作的难度明显增加，制作的内容更加丰富，达成的素养目标更为全面，要求也更有针对性。

第9章 专项劳动教育教学方法

图9-3 学生参加水过滤生活劳动

1. 内容要求

要求在内容上精选各种传统工艺制作劳动项目,即古法榨油、陶艺、纸工、布艺、木雕、刺绣、篆刻、拓印、景泰蓝、漆艺、烙画等可以做专项劳动教育教学方法运用的内容,要求学生了解其基本特点,熟悉其基本制作技能与方法。并根据专项劳动的需要,综合运用传统工艺的知识进行设计,通过绘制规范的传统工艺图样表达设计方案的内容,并合理选择相应的技能进行制作,科学合理地安排专项劳动的内容。

2. 素养要求

素养要求能够根据专项劳动教育教学方法的运用需要设计与制作传统工艺劳动作品。感受传统工艺劳动作品中蕴含的丰富的人文价值和工匠精神。自觉树立弘扬中华优秀传统文化的传承观念,初步养成劳动要精益求精、追求品质的敬业精神。

3. 方法运用建议

建议根据学生的劳动知识储备和技能基础,结合学校的现有条件及劳动教育基地传统工艺制作特色等具体情况选择劳动项目。同时也可以充分挖掘端午节、中秋节、校庆等节庆活动,开展传统工艺专项制作劳动,如端午节制作传统香包专项劳动、中秋节结合木工制作传统月饼模具专项劳动等。指导学生根据不同的劳动情境,结合不同的社会需求设计体现传统文化、当地

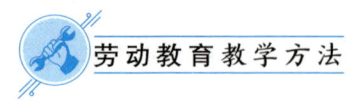

民族特色的专项劳动方案,并以团队合作形式完成具体制作劳动任务。

(三)工业生产类专项劳动

在初中阶段工业生产类专项劳动方法的运用,较小学高年级的工业生产劳动在内容要求、素养要求和方法运用建议三个方面都有较大的提升,具体表现在:

1. 内容要求

新课标在专项劳动教育教学方法运用的内容数量上同样要求遴选 1~2 项工业生产类劳动项目,例如金工、木工、造纸、电子、服装和纺织等,根据不同的工种类别,进行专项劳动产品设计与加工,体验工业生产不同工种的劳动过程。熟悉所选劳动项目使用的工具特点、设备特点和加工的原材料规格要求。根据本产品使用要求,精选原材料并制订符合人们需求的产品创意设计方案,能够读懂和简单绘制产品的技术图样,并能够根据图样加工制作劳动产品模型或原型,完成本产品组装、测试、优化等系列流程。理解工业生产劳动对人类生活的重要作用。

2. 素养要求

通过专项工业劳动,使学生能够掌握某项工业生产项目的工具、设备的特性和操作方法,对原材料的要求。能够根据人们的需求,设计并制作或加工简单的工业产品模型或原型。能够养成安全和规范工业生产劳动的良好习惯,培养学生科学利用材料和环保节约的工业生产劳动意识,追求质量意识和精益求精的劳动精神。

3. 方法运用建议

根据地方工业集群特色,初步开展学生职业生涯规划教育。例如,专门组织学生深入工厂实地体验、与工人面对面分享劳动经验与成果,引导学生对个人职业生涯进行初步规划。学校根据实际情况和学生发展需求等,遴选生产劳动项目,让学生身临其境地感受工业生产的魅力与劳动价值,培养职业认同感。还可以要求在工厂上班的家长参与学习模拟专项劳动场景指导与设计。学生在专项劳动实施过程中注重良好劳动习惯和优良劳动品质的养成。

（四）新技术体验与应用类专项劳动

1. 内容要求

在内容方面同样要求遴选各项新技术，例如，液态金属打印技术、三维打印技术、激光切割技术、智能控制技术、数控加工技术等现代科学技术应用体验项目，熟悉某一项新技术的操作程序、参数精确设置、原材料的适用范围等内容。能够根据社会需求，选择某项简单的新技术，制订科学的设计和加工方案，在指导帮助下完成应用某项新技术进行加工、组装、测试、优化的全过程专项劳动。事后记录此项新技术在改变传统加工方式、降低加工成本、提高工件质量和劳动效率等方面起到的主要变化。感受新技术在人们的生产和生活中起到的重要作用，体悟劳动人民对新技术创造的智慧。

2. 素养要求

素养要求通过本专项劳动教育教学方法的引用，使学生基本掌握某项新技术操作流程，知晓其工作原理。能根据社会实际需要，选用某项新技术，设计制作简单的产品模型或原型，能够独立完成产品的技术测试。能够养成在今后的劳动中追求卓越品质和精益求精。树立创造伟大、劳动光荣、技能宝贵的劳动观念。

3. 方法运用建议

建议学校首先组织学生调研当地工业园区里的工厂、企业新技术的应用情况；其次有针对性地遴选某项新技术进行专项劳动实践体验，并安排学生与技师或工程师交流此项新技术对生产、生活的应用价值，逐步培养学生对新技术类职业的理解与认同感，为学生规划未来职业生涯奠定基础。最后学校根据实际条件和学生现实需求，遴选适宜的新技术开展专项劳动实践。例如，利用智能控制技术模拟实现语音控制电梯升降等。

二、生活性专项劳动教育教学方法

初中阶段的学生已经具备基本的生活自理能力，并养成良好的生活习惯，所以以下将简要地从收纳整理、营养烹饪和家用器具维护三个方面进行阐述。

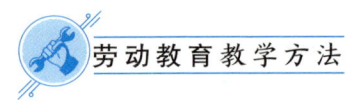
劳动教育教学方法

（一）收纳整理类专项劳动

专项劳动的内容主要要求初中生能够灵活运用整理与收纳的方法进行日常劳动，例如，可以结合综合实践教育运用此专项劳动教育教学方法，依据行程安排、天气状况准备衣物和生活用品让学生独立完成行李箱整理与收纳的专项劳动内容。

依据新课标的素养要求，重点培养初中生在劳动中自我管理与缜密筹划的能力。理解劳动对于个人和集体的意义，进一步强化学生深刻领悟劳动创造美好生活的道理，养成收纳整理的习惯和品质。

建议精心设计收纳整理专项劳动方案，在生活学习中结合实际，开展劳动，如学校物理实验室的收纳整理专项设计劳动等。

（二）营养烹饪类专项劳动

初中生已基本能从事简单营养烹饪，所以此专项劳动的重点是为他人的营养健康进行烹饪劳动的设计。具体表现在：

要求学生根据家庭成员身体健康状况，精心设计一日三餐的膳食。例如，在某个特殊的假日中午家校联动，集体安排一次学生为家人独立完成从采购到烹饪 3~4 道菜的午餐。内容要求包括煎、炒、炖、煮至少 2 种方法，考虑到家人的健康需求等。

要求学生能够为家人设计日常营养食谱，运用掌握的日常营养烹饪知识和技能，在家庭中引领健康生活的理念，理解劳动对于个人和家庭幸福的意义，进一步理解"劳动创造美好生活"的深刻道理。

建议家校联动，运用现代视频教育教学手段，精选餐饮文化类劳动案例，了解国内外不同地区的饮食文化和特点。培养初中生营养烹饪劳动的综合思维能力，增强学生对不同饮食文化的学习和了解。

（三）家用器具维护类专项劳动

初中生基本能够独立使用家用器具，在设计此专项劳动时，重点应在学生对家用器具的维护劳动方面。具体如下：

要求初中生从初中物理课程开始，能够结合物理课本知识，基本了解部分家电和工具的工作原理，在专项劳动教育教学方法运用的内容设计方面，建议家校联动，结合物理课本中的声、光、电、力、功等知识，了解家用器具的基本结构、工作原理和保养方法并用螺丝刀、扳手等工具对家用电器进行简单的拆卸、清理、维护等，如空调滤网的拆卸和清洗，电饭煲保险丝的更换等保养和维修等。

要求初中生能够掌握家用器具的简单保养和维修方法，提升家政技能和实践劳动能力，养成科学规范地使用保养家用器具的良好习惯。增强劳动过程中的安全保护意识和质量意识，养成在劳动中不畏艰辛和勇于探索的精神。

建议家校互动，遴选便于在家庭和学校开展的专项劳动实施。例如，根据季节变换，对电风扇或空调的滤网的拆卸、清洗和安装等专项劳动。鼓励学生运用所学的书本知识和劳动技能，适当地承担家用器具的拆卸、清洗、安装和简单维修工作。劳动实践后，及时组织学生进行交流分享。

三、服务性专项劳动教育教学方法

初中生对服务性劳动的重要性的认知和服务能力都有很大提升，同时初中生服务意识受诸多不稳定因素影响，因此加强初中生服务性劳动教育尤为重要。下面将从现代服务类专项劳动教育和公益志愿服务类专项劳动进行诠释。

（一）现代服务类专项劳动

现代服务业在社会发展进程中有举足轻重的作用，因此对初中生运用专项劳动教育教学方法进行劳动教育意义重大。

此专项劳动教育内容设计要根据学生的年龄特征、自身兴趣和实际条件，适度选择现代服务性劳动项目内容付诸实施。例如：结合学校食堂的信息化管理需要，对学生选择菜品进行数据统计、分析和建议等现代信息服务性劳动，为学校食堂采购数量和品类提供可靠的信息参考依据；根据学生参与现代服务性劳动的特征和过程，确定符合相应要求的劳动内容。在劳动过程中主动发现有价值的问题，并设计合理的、具有一定创意的解决问题方案等内容。

要求学生通过参与现代服务性劳动,提升现代服务性劳动知识和技能,充分了解现代服务性劳动的特征和特有的社会实用价值。认识现代服务性劳动的优势与挑战,能够敏锐地研判其未来发展趋势。能够在劳动过程中认真负责,养成规范安全劳动的习惯和优秀品质。增强公共服务意识,形成时代所赋予的社会责任感。

建议此专项劳动项目设置要为学生感知现代服务业劳动的发展现状提供机会,如智能化食堂管理专门性劳动项目、家乡特产营销专项劳动项目。可以将专项劳动的开展与学生的职业体验结合起来。引导学生在调研探究的专项劳动的基础上,开展针对性较强的现代服务性劳动,重点鼓励学生发挥自身的劳动创造力,优化现代服务性专项劳动方案。在劳动结束时注重引导学生进行反思交流和经验总结,从而为初中生的职业规划提供有价值的指导。

(二)公益志愿服务类专项劳动

公益志愿服务类专项劳动,在国内外教育中都占有一席之地,初中生专项劳动教育教学方法运用中自然需要公益志愿服务类劳动,进而达成全面教育目标。

内容要求要充分利用学生已学的劳动知识和技能,在劳动新课标所要求的各项具有一定挑战性的学校和社会公益劳动与志愿服务项目选取,并进行实践操作。例如:以班级为单位,参与科技馆、纪念馆、博物馆、植物园、动物园、动物救助站等公共与社会机构的服务性的专项劳动,担任公益志愿者等内容;根据服务对象的实际需要,确定公益劳动与志愿服务的形式、内容和过程,制订合理的服务性专项劳动方案并加以组织和科学实施。

要求学生熟悉公益志愿服务组织和实施的流程,具有运用相关的劳动知识与技能服务他人、学校和社区的基本劳动能力。理解公益志愿服务性专项劳动与学校和社会发展之间的直接关系,形成对学校和社会发展负责任的态度,提升学生的公共服务意识,增加学生的社会责任感,体悟学生参与公益志愿服务性劳动的自豪感和幸福感。

建议在本方法运用的设计中,多遴选综合性的公益志愿服务类劳动项目,突出服务性劳动的项目的专项化、主题性、可持续性和社会影响力,将公益志愿服务和学生的职业体验与生态教育等专题教育结合起来,引导学生在解决实际问题中得到应有的提升。如在特殊教育学校做课堂教学助理和学习伙伴等专项劳动运用本方法，达到育人的目的。

第3节　普通高中阶段专项劳动教育教学方法

普通高中阶段的专项劳动教育教学方法的应用要注重围绕丰富高中生的职业体验，开展服务性劳动和生产性劳动，在劳动中理解劳动创造价值，接受劳动锻炼、磨炼劳动意志，树立劳动品质，具有劳动自立意识和主动服务他人、社会的高尚劳动情怀。

一、生产性专项劳动教育教学方法

针对高中生的生产性专项劳动教育同样要从内容要求、素养要求和方法运用建议三个层面进行诠释。

专项劳动的内容要求在高中阶段要统筹劳动教育与高中技术课内容之间的协调关系，注重与前面的学龄段的劳动教育内容的衔接性，依据教育部颁布的劳动纲要的要求，在工业、农业、现代服务业以及中华优秀传统文化特色劳动项目中遴选1~2项生产性劳动进行内容设置。例如，在学校农业劳动教育教学基地实景制作米饭的由来历程纪录片，学生通过观看全过程纪录片完成某一段劳动任务如耕田、插秧、收割稻谷等形式的专项劳动项目。

要求通过全过程的专项劳动实践，提高高中生的创意物化能力，养成吃苦耐劳、精益求精的品质，继续增强其职业生涯规划的意识和能力。

建议学校以校内劳动理论学习与校外实践基地全过程劳动教育教学开展相结合的形式实施操作，最终达成劳动育人的目的。

二、生活性专项劳动教育教学方法

高中生生活性专项劳动教育主要是持续开展日常生活性劳动，增强高中

劳动教育教学方法

生的生活自理能力，固化良好生活劳动习惯。本阶段生活性劳动教育已不作为劳动教育教学的重点，因此这里只是简明扼要地阐述。

高中生的专项劳动教育安排主要在小学和初中生活劳动教育内容中遴选一些劳动项目进行巩固提高和继续教育，通常以家校互动的形式组织实施，如周日丰盛午餐制作、母亲节我为妈妈做家务等内容。

专项劳动素养要求培养高中生热爱生活劳动、会生活劳动和懂生活劳动的三个方面素养。

由于高中生的日常生活节奏比义务教育阶段学生快，往往会忽视生活性劳动教育，因此建议在高中阶段要定期进行家校互动，开展专门性生活劳动项目来巩固和提高学生的生活自理和自律能力。

三、服务性专项劳动教育教学方法

在高中阶段开展服务性专项劳动教育教学同样十分重要，因为一个人的服务意识的培养是一个系统的教育过程，需要持续不断地进行教育。

内容要求与义务教育阶段服务性劳动一样，可以选择服务性岗位，经历真实的岗位工作过程，获得真切的职业体验，培养职业兴趣。例如：积极参加大型体育、文化和职业劳动技能赛事等公益活动的志愿服务专项劳动。

素养要求培养高中生主动服务他人和社会的高尚劳动情怀，强化社会责任意识和奉献精神，重点体现在提高创意物化能力，养成吃苦耐劳和精益求精的优良劳动品质，增强其职业生涯规划的意识和能力。

建议高中阶段开展服务性专项劳动时，按照全过程的原则，利用节假日开展服务性专项劳动周，用一周时间全天候进行服务性劳动体验，从而达成育人目标。

第4节 职业院校阶段专项劳动教育教学方法

职业院校学生的专项劳动教育要结合其专业特点来开展，因为职业院校的学生按照国家办学的定位，更加贴近生产一线的技术技能培训，所以学生一般具有较强的职业技术和技能，通过设置专项生产生活和服务性专项劳动能够增强职业荣誉感和责任感，提高职业劳动技能水平，培育学生积极向上的劳动精神，认真负责、艰苦奋斗的劳动态度。

一、生产性专项劳动教育教学方法

由于职业院校的学生已经有了自己明确的职业方向和专业定位，所以在进行生产性专项劳动教育时，应该结合学生所学专业服务的行业或产业实施。

在专项劳动内容设计方面，要求学校结合学生的专业见习、专业实习和顶岗实训等课程，主要围绕劳动精神、劳模精神、工匠精神、劳动组织、劳动安全和劳动法规等方面，科学合理设计专项劳动内容，使学生参与同自己未来职业方向相同的真实的生产劳动和服务性劳动，体悟和认知自己未来所要进行的生产劳动。

通过本专项劳动教育，增强学生的职业认同感和劳动自豪感，提升学生的创意物化技术和能力，培育不断探索、精益求精、追求卓越的大国工匠精神和爱岗敬业的高尚劳动态度，坚信"三百六十行，行行出状元"劳动理念，体悟劳动不分贵贱，任何职业都很光荣、都能出彩的劳动信念。

职业院校联合实习实训基地或企业，让低年级学生根据不同专业，在不同行业中结合专业见习，以参观的形式设置专项劳动；在高年级结合专业实习，以实习生的形式设置专项劳动内容，对毕业班学生用顶岗实训的形式设置专项劳动，最终实现劳动培养人才的育人目标。

二、生活性专项劳动教育教学方法

本阶段的学生基本过着集体式的独立生活，自己日常生活劳动如洗晒衣服和被褥、个人清洁卫生和收纳整理劳动等基本都能够独立完成，重点是集体生活空间的清洁卫生劳动，需要以专项劳动形式组织实施。

专项劳动的内容要求对此阶段的学生要持续开展日常生活劳动、自我管

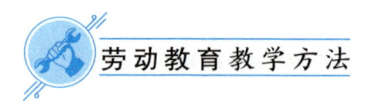

理生活、重点设置清洁卫生集体生活空间的专项劳动。例如，学校寝室卫生专项劳动日、工厂职工宿舍卫生日等专项生活劳动内容，有的放矢解决集体生活清洁卫生劳动问题。

专项劳动素养要求提高劳动者自立自强的生活意识和能力；培育美好集体生活空间观念，养成自觉积极参与个人和集体生活的劳动态度等。

建议职业院校在设计生活性专项劳动时，重点围绕集体生活区域的清洁卫生方面的专项劳动和个人日常生活健康专项劳动为主，也可利用寒暑假巩固提升学生的烹饪技术，可以以视频的方式展现在班级群里，开展适度的评比活动。

三、服务性专项劳动教育教学方法

职业院校在开展服务性专项劳动教育时，重点结合学生的专业知识和技能，开展服务他人和社会的公益志愿服务劳动，以期达到专项劳动教育教学的目标。

专项劳动的内容要求职业院校定期在校内外开展公益志愿服务性劳动，做好校园和劳动实践实训基地的环境秩序维护，运用专业技能为社会和他人提供相关公益志愿服务。

 案例 9-1

  山东××职业学院和学校附近社区联动，每年暑期都组织本校智能制造学院的学生分批次到学校周边的社区为居民义务维修家用电器服务专项劳动，一方面可以回报社会，另一方面通过维修实践劳动也能提升学生的专业技能。每次活动都受到社区居民的大力支持，社区居民给学生送西瓜、绿豆汤解暑，学生也在活动中受益匪浅。

要求通过专项服务劳动教育，培育职业院校学生的社会公德，厚植爱国爱民的劳动情怀。

建议职业院校依据本校学生专业分类，多方联系企事业单位和社区等定期组织不同专业学生开展公益志愿服务性专项劳动。例如：学生可以在节假

第 9 章 专项劳动教育教学方法

日旅游高峰期到学校周边的景区参加公益志愿服务专项劳动，提升景区的服务质量，提升自己的专业实践技能等。

第 5 节　普通高等院校阶段专项劳动教育教学方法

普通高等院校的学生绝大部分处于青年期，其心智和身体发育日趋成熟，综合劳动能力较前面几个学段有显著提高。本阶段的重点是强化大学生的马克思主义劳动观教育，注重围绕创新创业劳动，结合学科专业开展生产劳动和服务性劳动，积累职业经验，培育创造性劳动能力和诚实守信的合法劳动意识等，下面主要围绕三个方面进行阐述。

一、生产性专项劳动教育教学方法

高校在进行生产性专项劳动教育时，在理论层面，主要是使学生掌握通用生产劳动科学知识，深刻理解马克思主义劳动观和社会主义劳动关系，树立正确的择业就业创业观，具有到艰苦地区和行业工作的奋斗精神；在实践层面，重视生产劳动锻炼，积极参加实习实训、专业服务和创新创业活动，重视新知识、新技术、新工艺、新方法的运用，提高学生能够在生产实践中发现问题和创造性解决问题的能力，在动手实践的过程中创造有价值的物化劳动成果。

专项劳动的内容要求本阶段应重点加强马克思主义劳动观专项教育，普及与大学生职业发展密切相关的通用劳动科学知识，并经历必要的生产劳动实践体验。例如：学生可以发挥专业特长，结合大学生创新创业项目开展专项劳动教育教学实践，利用大学生"暑期三下乡"活动，电子商务专业学生可以设置在乡村利用互联网平台销售特色农产品的专项劳动内容，在实践劳动中为乡村振兴战略做贡献。

专项劳动素养要求使学生正确树立马克思主义劳动观、社会主义劳动观、择业就业创业观，具有到艰苦地区和行业中去创新创业劳动的精神素养。

 劳动教育教学方法

建议高校以专项劳动周和劳动月的形式，结合专业认知见习、实习实训和创新创业开展专项生产性劳动教育教学。例如：服装设计专业学生可以在服装加工企业生产旺季大量用工结合学校专业实习实训课程，开展专项劳动教育教学活动，一方面提升学生的专业实践能力，另一方面解决企业生产旺季用工荒的实际问题。

二、生活性专项劳动教育教学方法

生活性专项劳动教育主要是巩固大学生的良好日常生活劳动习惯，自觉做好宿舍和个人清洁卫生，独立处理个人生活事务。家庭困难学生还可以通过积极参加学校勤工助学劳动，提高学生的劳动自立自强能力。

专项劳动的内容要求主要是定期设定大学生宿舍和个人清洁卫生专项劳动，以及利用假期家校互动开展营养烹饪类专项生活劳动，同职业院校学生基本类似，这里就不再赘述。

专项劳动素养要求提高大学生生活劳动独立自强的意识和能力；培育集体生活美好空间的观念，培养正确的自觉积极参与个人和集体生活劳动态度等。

建议高校院系联动，家校互动，科学合理地运用生活性专项劳动教育教学方法，实施大学生的生活劳动教育。例如：对设计专业的大学生可以定期开展寝室生活环境设计大赛等生活性劳动技能专项教育教学活动等。

三、服务性专项劳动教育教学方法

普通高校在进行服务性专项劳动教育时，主要是强化学生的服务性劳动，提升他们的综合服务意识等。以下从专项劳动的内容、素养和运用要求三个方面进行阐述。

由于普通高校大学生在生活情境方面同职业院校学生基本一样，其劳动内容设计要求主要是自觉参与宿舍、教室、食堂、校园等场所的清洁卫生专项劳动，绿化美化和管理服务性劳动等专项内容。

专项劳动素养要求培养大学生的马克思主义劳动价值观和社会主义劳动

价值观，同时继续强化他们的公共服务意识和面对重大灾害等危机时能够主动作为的无私奉献劳动精神。

　　设计者要科学合理地在大学生的劳动教育教学中设计专项劳动教育教学活动方案，重点通过劳动周和劳动月，依托大学生实习实训和暑期的"三支一扶"、大学生志愿服务西部计划、"青年红色筑梦之旅""三下乡"等社会实践基础，充分发挥大学生的专业特长，从实践出发，运用该方法达成大学生劳动教育目标和为党育人、为国育才的目的。

图 9-4　大学生参加社区公益服务性劳动

　　总之，以上对专项劳动教育教学方法的阐述，主要针对在校学生，严格按照国家和教育部等上位文件精神，以及《大中小学劳动教育指导纲要（试行）》《义务教育阶段劳动教育课程标准》（2022 版）规定和目标设置，分年龄段逐一加以分析论述，从内容要求和素养要求两个方面，对专项劳动教育教学方法运用提出科学合理化建议，使人们能够较为全面地了解此方法的特征，掌握此方法的运用程序和规律，达到为大中小学生劳动教育服务的目的。

思考与练习

1. 简述劳动教育教学方法是什么?
2. 小学专项劳动教育分为几个阶段,各个阶段的特点是什么?
3. 大学生专项劳动教育教学方法包括哪些内容?

参考答案

模块三 发展篇

第 10 章
创新性劳动教育教学方法

本章导读

本章首先介绍创新性劳动概念及主要内容，其次根据国家科技计划及相关规划，重点对劳动新形态、产业新业态职业劳动和新型服务性劳动三个主要的创新性劳动进行分析，对创新性劳动教育适用的主要方法进行归纳，最后对创新性劳动教育的评价内容进行设计。

学习要求

了解创新性劳动概念及主要内容；掌握劳动新形态、产业新业态职业劳动和新型服务性劳动三个主要的创新性劳动内容及创新性劳动教育涉及的主要方法和创新性劳动教育评价的主要内容。

思维导图

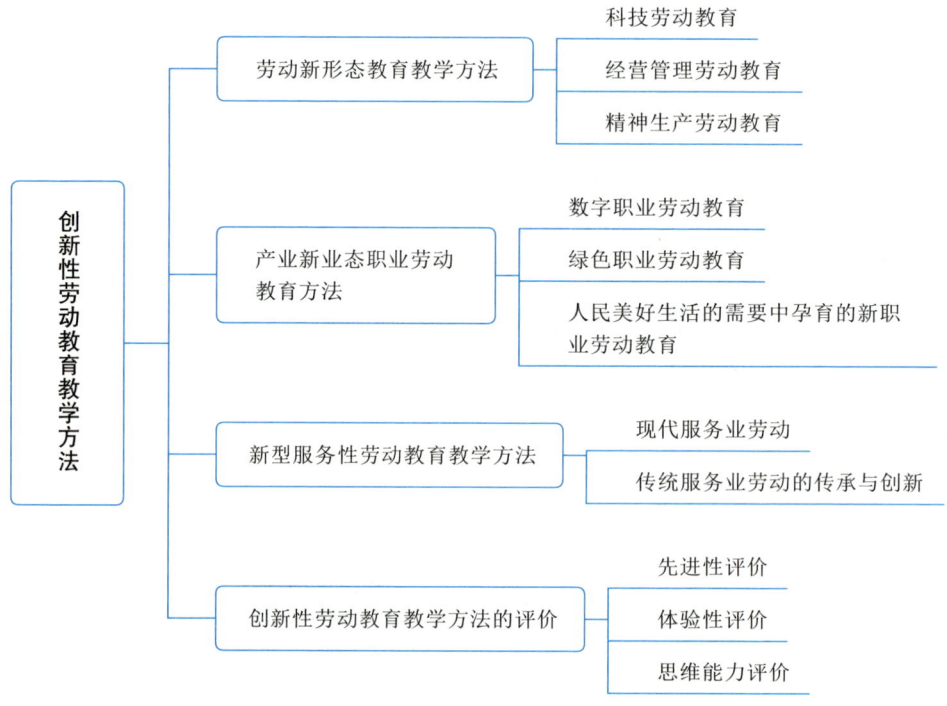

第 10 章 创新性劳动教育教学方法

创新性劳动是指通过人的脑力劳动，突破劳动惯例的思维方式、生产方式和组织方式，创造和运用全新的思维观念、科技知识、工艺设计及方式方法等所进行的创造性劳动。创新性劳动所生产的商品是知识商品。这些知识商品表现为新的理论、新的观念、新的创意、新的技能等，它们大多是无形产品，但在具体的生产实践中能起到事半功倍的经济效益和社会效益，甚至能引起社会和时代的重大变革。社会在发展，劳动方式在变化，创新性劳动的内涵也在不断发展。

第 1 节 劳动新形态教育教学方法

对于新时代的劳动者来说，唯有掌握前沿的劳动知识和技能才能适应社会生产力的发展和产业转型升级的需要，否则将难免被社会淘汰。体力劳动与脑力劳动走向深度融合，科技劳动、经营管理劳动、精神生产劳动等劳动成为引领时代发展的劳动新形态。近年来，新崛起的高新技术产业、电子商务、数字化管理、自媒体、网络主播等新兴行业等提供给人们的就业岗位数量是十分庞大的，人们的就业机会并没有因为劳动的发展受到限制，事实上，就业机会和劳动需求只是从传统产业转移到了新兴产业，这一现象的背后反映出的是劳动形态的变化。过去繁重的、危险的、重复性的劳动逐渐被淘汰，取而代之的是更加需要创造力、更加需要人与人交往、更具自主性和安全性的劳动形态。新时代的劳动者应理性地看待劳动新形态的出现，要认识到劳动的每一次进步都意味着人朝着实现全面发展更进了一步，因此，劳动者要自觉提升自身的劳动素养以适应劳动新形态，并努力通过创造性的劳动推动劳动形态的进一步更新，促使人的主体性和能动性在劳动中得到更加充分的发挥。

针对劳动新形态，我们要注重新兴技术支撑和社会服务新变化。深化产教融合，改进劳动教育方式。强化诚实合法劳动意识，培养科学精神，提高创造性劳动能力。根据劳动新形态的主要形式，本节重点对科技劳动、经营管理劳动和精神生产劳动三种劳动新形态的教育教学方法进行阐述。

劳动教育教学方法

一、科技劳动教育

无论是 STEM 教育（Science，Technology，Engineering，Mathematics），还是当前在全世界被广泛推崇的 STEAM 教育（Science，Technology，Engineering，Arts，Mathematics），都将科学（Science）和技术（Technology）列在优先发展地位。我们常常将科学和技术放在一起，但从严格意义上来说，科学和技术并不是一回事，科学的目的侧重于回答"是什么""为什么"的问题，揭示客观过程的因果性、规律性。技术的目的侧重于回答"做什么""怎么做"的问题，追求满足人类需要的功利性。对于我们开展劳动教育来说，将科学劳动教育和技术劳动教育分开开展，是提升公众科学素养的有效手段。

（一）科学劳动教育

目前，国内基础教育对科学的认知还主要停留在对科学知识和原理的理论认知和了解上，只有在高等教育阶段才会有对科学原理的实验和实践验证，而到了研究生教育阶段，才会有创新性的科学探究。科学研究本身就属于脑力和知识性劳动。我国创新型国家建设对创新型人才的需求是迫切的，这需要我们在教育的各个阶段开展科学劳动教育活动，培养科学思维。

1. 科学观察

图 10-1　动物科学探究

科学观察是科学劳动教育的基本方法,设计简单易操作的科学观察活动可以锻炼观察者的意志,培养观察力。我们可以根据受众的年龄、认知能力等设计易操作的不同的科学观察活动。比如,我们在小学生中可以设计课程主题为《植物的叶子形状都是一样的吗?》的科学观察活动,在中学生中设计课程主题为《禾本科植物的特点有哪些?》的科学观察活动。这些活动要具备普遍可操作性,又能充分调动受众的积极性和参与性。课程内容的重点应该以提出问题为主,引导受众去观察去思考。

(1) 提出科学问题

根据我们的课程教育主题提出科学观察的主题。为了引导科学观察和思考,需要设置几个引导性的问题。

(2) 做好观察记录

根据前面提出的问题,对观察到的现象进行如实地记录。记录表要易于统计分析。观察的样本量越大,观察的结果越接近科学事实。

(3) 统计观察结果,得出科学结论

根据观察记录的结果,进行系统分析,总结出共性的问题和个性的问题,如实描述科学结论。如果条件允许,可以将自己的结论再次反馈到样本中验证,逐步完善结论。

案例 10-1

禾本科植物叶子有什么特点?

①提出科学问题。禾本科植物叶子的叶形是什么样子的?叶脉是怎么排列的?叶子基部的叶柄是什么样子的?叶子在茎上是如何排列的?

②做好观察记录。观察竹叶、狗尾草、小麦、玉米、水稻、草坪草等禾本科植物的叶子。针对前面提出的科学问题进行观察记录。

③总结出禾本科植物叶子的共性特征。(参考结论:禾本科植物叶长条形,叶脉之间近平行状,叶柄鞘状,半包围着茎,叶片和叶鞘连接处有舌状突出物,叶子在茎上二列状排列。)

(案例由荒野科学自然教育工作室提供)

2. 科学探究

图 10-2　户外植物科学观察

相比较于科学观察的直观，科学探究是科学劳动教育中更为深入的教育教学方法。科学探究不仅需要提出科学问题，还需要提出科学假设、开展科学实验等探究环节。科学探究可以培养受众的科学思维、科研能力，乃至培养学生的创新能力，是目前被广泛推崇的教育形式。但科学探究活动涉及的元素较多，这就需要我们结合实地和实际掌握的教学资源，开发出能被受众接受和可操作的课程。我们目前的很多科学研究教学大多是验证性质的，而要进行创新，就需要更多的创造性的科学探究工作。科学研究无止境，人类在研究科学的道路上一直在探究。根据不同的研究内容，科学探究的过程有不同的形式，但以下六种过程是最重要的科学探究过程。

（1）提出科学问题

与科学观察一样，开展科学探究之前，需要确定科学探究的主题。科学探究的主题多以设问的形式出现。

（2）提出科学假设

根据前面提出的科学问题，我们可以先提出假设，先假设是某一个结论。

（3）开展科学实验

针对我们提出的科学假设，开展实验研究。在研究中，样本量的大小是有要求的，尽可能选取研究对象更多的样本量，让实验结果更接近于事实。

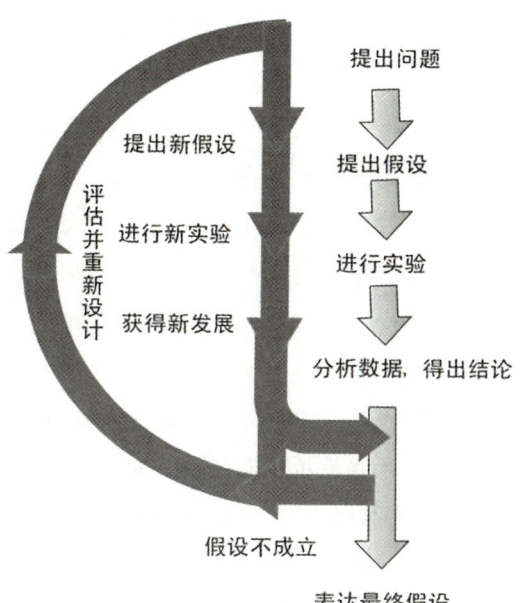

图 10-3　科学探究过程

（4）分析数据，得出结论

根据实验结果，进行系统分析，总结得出实验结论。

（5）评估假设

根据上述结论，评估之前的假设是否正确。如有与假设相反的例证，可以针对这个相反的例证，提出新假设，开展新实验进行验证，并对新的实验结果进行统计分析。

（6）表达最终假设

针对假设（或新假设）的评估结论，得出最终假设结论。

 案例 10-2

禾本科植物的茎节间都是实心的吗？

①提出科学问题。禾本科植物的茎节间都是实心的吗？

②提出科学假设。根据生活经验，我们先假设禾本科植物茎节间都是空心的。

③开展科学实验调查。对我们身边的禾本科植物进行调查，用工具切

开禾本科植物茎的节间，进行统计，如竹子、小麦、水稻、芦苇、狗尾草、玉蜀黍（玉米）、甘蔗、菰（茭白）、稗。

④分析数据，得出结论。根据上面的实验调查结果，系统分析所调查的禾本科植物茎的节间情况，总结得出实验结论。

⑤评估假设。根据上面结论，评估之前的"禾本科植物茎节间都是空心的"假设是否正确，如有与假设相反的例证，也即禾本科植物茎节间有实心的，可以针对植物茎节间有实心的这个相反的例证，提出新假设。如禾本科植物有空心的，也有实心的，再次开展新实验进行验证（扩大样本量，选取更多的禾本科植物）。并对新的实验结果进行统计分析。

⑥表达最终假设。针对假设（或新假设）的评估结论，得出最终假设结论。[参考结论：禾本科植物茎节间大多是中空的，但也有少部分是实心的，如玉蜀黍（玉米）、甘蔗。]

（案例由荒野科学自然教育工作室提供）

（二）技术劳动教育

与科学革命相比，技术革命则常以工业革命的形态呈现。目前普遍认为技术革命至今已经历了四次。第一次工业革命（蒸汽时代）让机械取代了人类的部分体力工作；第二次工业革命（电气化时代）让机器取代了人类绝大部分的体力工作；第三次工业革命（计算机时代）让机器取代了人类部分的脑力工作。按照这个层次推进，第四次工业革命的目标，势必是要让机器取代人类绝大部分的脑力工作，把人类带入人工智能时代。因此，可以清晰地预判，第四次工业革命的标志，就是人工智能。

技术教育主要是通过教育提升对涉及工业技术的方法、流程、程序或者技巧的特定活动的理解程度和熟练程度。它涉及的是专业知识和专门领域的分析能力，以及对相关工具和规章政策的熟练应用。大多数职业教育以及在岗培训课程主要与技术性技能的培养有关。所以说，要成为一名优秀的技术劳动工作者，不仅要熟练应用科技工具，还要搞清楚这些科技工具工作背后的科学原理。根据劳动教育对象和教育目标的不同，我们主要采取的技术教育教学方法有技术操作教育和技术原理教育。

第 10 章　创新性劳动教育教学方法

1. 技术操作教育

技术操作教育主要是对劳动教育对象开展技术流程实操培训，使其掌握技术操作的步骤、方法和注意事项等。技术操作教育可以快速培养产业工人进入劳动岗位。现代化的工业流水线中，产业工人的操作分工越来越细，很多岗位的操作甚至可能就一个固定的动作。同时，随着科技的飞速发展，越来越多的技术操作由产业工人转向工业机器人完成。

现代化产业工具的操作越来越多趋向于简易和快捷，如无人机操作教育培训中（扫描二维码看遥控无人机案例），可以掌握四旋翼无人机的组装及调试，了解和掌握无人机起飞、降落特点。

2. 技术原理教育

相对于技术操作教育，技术原理的教育则属于更深入层面的技术教育，它也是培养高级劳动技术工作者的方法。从现实意义上来说，一个只掌握操作技术，而不了解背后原理的产业工人在面对技术工具故障时是无能为力的，那么他的工作效率则必然受到影响。而一个对技术操作和技术原理都熟悉的产业工人，必然能处理很多生产中的技术难题，从而大大提升生产效率。从长远意义来说，对技术原理熟悉的产业工人往往更能在工业创新中发挥出主观能动性。

同样针对以上二维码的遥控无人机案例，我们可以探究性地去了解为什么无人机会上升和下降，这就涉及无人机的工作技术原理教育了。如对四旋翼无人机进行受力分析发现，无人机起飞会受到四个外力的作用，分别是升力、重力、推力和阻力。只有当升力大于或者等于重力时，才能保证无人机不会坠落。探究无人机桨叶为什么可以提供升力，会发现，由于桨叶上部弯曲程度大于下部，其特殊的几何造型导致桨叶上部气流速度较大，而下部气流速度较小。因此下部气流的压力大于上部气流，这样下部的桨叶受到的气流较大的向上作用力，而上部桨叶受到较小的向下作用力，其合力则表现为向上，无人机就起飞了。

二、经营管理劳动教育

经营管理,是指企业为了满足社会需要,为了自己的生存和发展,对企业的经营活动进行计划、组织、指挥、协调和控制。其目的是使企业面向用户和市场,充分利用企业拥有的各种资源,最大限度地满足用户的需要,取得良好的经济效益和社会效益。经营管理的主要内容有:合理确定企业的经营形式和管理体制,设置管理机构,配备管理人员;搞好市场调查,掌握经济信息,进行经营预测和经营决策,确定经营方针、经营目标和生产结构;编制经营计划,签订经济合同;建立、健全经济责任制和各种管理制度;搞好劳动力资源的利用和管理,做好思想政治工作;加强土地与其他自然资源的开发、利用和管理;搞好机器设备管理、物资管理、生产管理、技术管理和质量管理;合理组织产品销售,搞好销售管理;加强财务管理和成本管理,处理好收益和利润的分配;全面分析评价企业生产经营的经济效益,开展企业经营诊断等。经营管理的基本任务是合理地组织生产力,使供、产、销各个环节相互衔接,密切配合,人、财、物各种要素合理结合,充分利用,以尽量少的劳动消耗和物质消耗,生产出更多的符合社会需要的产品。

"经营"在"管理"的外延之中。通常按照企业管理工作的性质,将营销、生产称作"经营",之外的管理内容称为"管理"。也可以这样理解,企业运营都会包括经营和管理这两个主要环节,经营是指企业进行市场活动的行为,而管理是指企业理顺工作流程、发现问题的行为。据此,本书拟将经营管理劳动教育分为经营劳动教育和管理劳动教育。

(一)经营劳动教育

经营是对外的,追求从企业外部获取资源和建立影响;经营追求的是效益,要资源,要赚钱;经营是扩张性的,要积极进取,抓住机会,胆子要大。企业的生产和销售是主要的经营性劳动。传统个体经营劳动的生产和销售需要劳动者做的工作内容较多,个人一般身兼数职。比如手工业劳动者常常要完全依靠自己的个人劳动生产出商品,又完全依靠自己将这些产品拿到市场去销售。现在的大工业生产中的工人工作则越来越单一。比如,生产海鲜鱼

第10章 创新性劳动教育教学方法

产品时，有的工人可能只负责去鱼皮工作，有的则负责包装成商品。

我们在开展生产劳动教育时，可以采取利用传统的个体经营劳动让学生快速掌握经营性劳动的环节，比如让学生自己去制作一个木质小凳子，然后再拿到市场上去售卖。这需要学生的综合能力，比如动手能力和市场沟通能力等。我们也可以设计课程只让学生参与某一生产环节或销售环节，比如只负责制作小凳子，或只负责到市场上去销售小凳子。

（二）管理劳动教育

管理与经营是密不可分的。与经营相比，管理是对内的，强调对内部资源的整合和建立秩序。管理追求的是效率，要节流，要控制成本。管理是收敛性的，要谨慎稳妥，要评估和控制风险。现代企业的管理内容按照管理对象进行划分包括人力资源、项目、资金、技术、市场、信息、设备与工艺、作业与流程、文化制度与机制、经营环境等。按照层次进行划分包括经营层面、业务层面、决策层面、执行层面、职工层面等。可见，经营本身也需要管理介入、谋划、执行和评价等。

我们在开展管理劳动教育时，既要通过讲授让学生全面了解现代企业运行中的管理内容，也要创造机会让学生参加管理环节的实践实训，如让学生参与人力资源管理，了解人才的招聘程序、员工的绩效评估，甚至薪酬待遇标准的制定和执行等。

三、精神生产劳动教育

精神生产，是马克思关于人的全面发展理论中的一个重要组成部分，在其《1844年经济学哲学手稿》和《德意志意识形态》里有相关的论述，指人们为满足精神文化生活的需要而进行的生产活动。精神生产的成果即精神产品。精神生产同物质生产相对，着重探索人的内部精神世界，关注人的内心和社会的精神生活层面，以满足人的求知、审美、娱乐、情感等精神需求为根本目的，生产过程具有抽象性、创新性、传承性等特点。其外在体现主要是文化生产。只有大力发展精神生产才能满足人民群众日益增长的文化需求。通过精神生产，发展科学教育事业，发展哲学社会科学、文学艺术、新闻出版等文化事业，满足人民群众日益增长的精神文化需求，进而提高民族素质，丰富人们的精神世界，才能为构建和谐社会提供精神动力。

列宁也强调："人的意识不仅反映客观世界，并且创造客观世界。"随着人类社会的不断发展，经济发展水平的提高带来了社会需求层次的变化，物质产品的需求总的来说将呈现递减趋势，人们越来越追求高质量的精神文化生活。这就需要整个社会能够提供层出不穷的精神文化产品。同时，当今时代，文化越来越成为民族凝聚力和创造力的重要源泉、越来越成为综合国力竞争的重要因素，丰富精神文化生活越来越成为我国人民的热切愿望。

精神生产主要包括两种形式。一是生产的结果是物化的商品，二是产品同生产行为不能分离的直接的精神生产。

（一）物化的精神生产劳动教育

物化的精神生产的结果是物化的商品，是使用价值，它们具有离开生产者和消费者而独立的形式，因而能在生产和消费者之间的一段时间内存在，并能在这段时间内作为可以出卖的商品而流通。如雕塑制作劳动，书籍出版中涉及的劳动。在开展物化的精神生产劳动教育时尽量创造条件让学生自己去动手制作和动手实践，让学生体验劳动创造的物质产品，以及衍生出的精神愉悦。

（二）直接的精神生产劳动教育

直接的精神生产劳动产品同生产行为不能分离，如一切表演艺术家、演员、教师等。艺术家在舞台上的表演，这种精神生产的产品不能同艺术家的表演行为分离，舞台下的观众能在现场欣赏到艺术家的精神生产的产品。包括教育产业，也可以通过教师的教学劳动学习到知识，而知识就是一种无形的精神产品。随着抖音、快手、B站等网络自媒体的快速发展，直接的精神生产活动呈现出短、平、快、飞速发展的特点，网络直播授课、网络展演等活动爆发式增长，也为个人创新创业提供了新契机。

视频：柳哨的制作

有时候，精神生产是直接的精神生产劳动结合物化的精神生产劳动教育。如艺术家

第 10 章　创新性劳动教育教学方法

在舞台上表演直接输出精神劳动产品，但也可以通过后台摄影制作成视频，这个视频产品与艺术家行为就分离了，不在现场的观众也能欣赏到艺术家的精神生产的产品了。

随着社会的快速发展，产业新业态职业劳动等创新性劳动也日新月异，所以其教育教学方法的操作和具体内容也呈现出日益发展的态势，从执行层面上看，正是这些创新性的劳动推动着社会快速发展。而相关的劳动教育内容往往不是在学校的书本中，更多的是在社会实践中，这需要我们创设场景和条件，让受教育者去参与、去体验。而能执行这方面劳动教育的导师正是参与创新性劳动的一线实践者。我们的教育教学案例和实践都必须摆在一线，包括现在的自媒体文案创作实践，必须经过发布后结果的考验，才能真正了解操作和内容的核心问题。

第 2 节　产业新业态职业劳动教育教学方法

近年来，新产业、新业态、新商业模式保持增长，催生了一支庞大的新就业形态劳动者群体。包括物流快递员、护工护理员、家政服务员、网约送餐员、平台主播等在内的灵活就业人员已经达到 2 亿人左右。这些灵活就业能有效促进就业，也有利于激发市场活力和社会创造力，促进劳动者能力升级，实现人力资源的优化配置。而国家目前正大力发展的数字职业、绿色职业，以及人民美好生活的需要中孕育的新职业则是我们应该重点关注的内容和方向。

一、数字职业劳动教育

近年来，中国数字经济发展迅猛，到 2021 年底其规模已经达到 45.5 万亿元人民币，占国内生产总值（GDP）比重达到 39.8%。中国在 2022 年修订完成《中华人民共和国职业分类大典（2022 年版）》，净增了 158 个新职业。延续 2015 年版大典对绿色职业标注的做法，这次共标注了"人工智能培训师""大数据分析师""区块链工程师"等 97 个数字职业，占职业总数的 6%，与传统职业相比，这些职业暂未成为"主流"，但为年轻人就业提供了新思路，成为驱动数字经济发展的中坚力量。数字职业是从数字产业化和产业数字化两个视角，围绕数字语言表达、数字信息传输、数字内容生产三个维度及相关指标综合论证得出。通过标注数字职业，一方面可以反映出各个行业在数字化进程当中的一些变化，同时也反映出这个行业未来数字经济发展的趋势，为国家加大数字经济政策创新力度提供有益参考。数字职业可以涵盖以下方面：网络安全技术、网站和网络开发、大数据分析、云计算、搜索引擎优化、社交媒体运营、电子商务、移动应用开发、网络营销、网络设计等。

从目前数字职业人才的类型看，可大致分为向上生长和向下扎根两个类型。

向上生长包含了多重含义。从专业领域看，数字职业人才中很大一部分构成是探索科技和产业前沿的工程技术工作者，如人工智能工程技术人员、物联网工程技术人员、大数据工程技术人员等，他们大多具有高学历、高收入，具备具有竞争力的职业技能，处在数字化发展的技术前沿，为行业发展和产业赋能做出贡献，推动着新技术、新产业的向上发展。从职业性质看，创造性地满足人民需求是数字职业的普遍功能特性。数字经济时代的技术赋能使得个体的创新、创意、创业能力得到极大释放，人人都是市场中的消费者，人人也都可以成为生产者和创造者。精细化、多元化、服务化的数字职业人才，是传统产业升级的重要力量，推动经济社会不断向上发展。成长于互联网高速发展时代的"80 后""90 后"是数字职业的市场主力军，正逐渐走上工作岗位的"00 后"互联网"原住民"正成为数字职业的新生力量。数字职业人才聚集于新兴产业和现代服务业，分布于产业较为发达地区尤其北上广深等一线城市，对推动产业发展和区域经济社会高效运转做出了很大贡献。

向下扎根体现了数字职业人才在职业上贴近消费者、贴近社会需求、接地气的工作特性。除了工程技术人员之外，数字职业人才中另一部分主要构成是产业一线劳动者和社会生产及生活服务从业者，这一群体直接接触顾客、服务顾客，支撑着新业态的有效运转。人们在日常生活中使用 APP 或小程序进行衣食住行和文化精神消费，背后都有数字职业从业者的劳动付出。职业

第 10 章　创新性劳动教育教学方法

选择的多元化和现代城市的"陌生人社会"效应，为向下扎根的数字生产和生活服务从业者提供了广阔的职业发展空间。据全国总工会职工队伍状况调查数据显示，2021年依托互联网平台的新就业形态劳动者大约是8400万人，灵活就业人员已达到2亿多人。未来，在平台经济、共享经济快速发展的背景下，新就业形态劳动者人口数量将继续大幅增长。以网约配送员为例，预计未来5年的劳动力缺口达到3000万，数字技术带动数字化行业市场规模和职业前景呈现快速发展态势。

在开展数字职业劳动教育时，可以让学生自己去动手动脑制作数字产品，如去设计制作自己的抖音、B站等互联网社交平台作品。实践操作课时，让学生制作一个自己的才艺短视频并发布社交平台，通过主题确定、文案撰写、视频拍摄剪辑、视频发布时关键词选择等操作环节，培养学生的数字职业劳动能力。

自媒体文案撰写技巧

二、绿色职业劳动教育

关于绿色职业的定义，源起在2008年，联合国环境规划署与国际劳工组织共同发布了《绿色职业：在一个可持续的、低碳的世界里实现体面工作》的报告，Michael Renner、Sean Sweeney 和 Jill Kubit 把绿色职业定义为：在农业、制造业、研发部门、管理和服务业领域有助于持续保护和恢复环境质量的职业。主要指那些帮助保护生态系统和生物多样性的工作；通过高效的方式减少能源、材料和水资源的消耗的工作；减少或者是避免所有形式的废弃物和污染物产生的工作。《中华人民共和国职业分类大典（2022年版）》标注了134个绿色职业，占职业总数的8%。

随着"绿水青山就是金山银山"发展理念的深入人心，以及全球应对气候变化成为共识，我国绿色经济释放出新动能。排放管理员、碳汇计量评估师、综合能源服务员、建筑节能减排咨询师等新绿色职业不断出现，绿色产业对具有绿色技能的人才需求显著增长。值得关注的是，绿色职业扩容增量，也让绿色职业本身的内涵外延悄悄发生变化。从传统意义上来说，绿色职业集中在保护与治理生态环境、生产新能源、回收与利用废弃物等领域。随着绿色行业快速发展，只要是致力于经济可持续发展、环境保护及其质量提高或资源节约的工作，都可归为绿色职业。领英发布的《2022年全球绿色技能报告》显示，绿色职业一方面反映了主流市场需求，如环境修复、循环回收、职业安全与健康顾问、气候和太阳能技术等领域；另一方面体现了行业新趋势，如漏油应急反应等领域。当前，我国绿色职业分类不断细化和扩充，在能源、制造、建材、交通、航空、气象等更多领域开发出了更多绿色就业岗位。而互联网等技术的发展，也将催生绿色职业的更多形态。

图10-4 浙江湖州安吉户外"绿水青山就是金山银山"石碑

碳排放管理员是2021年新添的一个绿色职业，在《中华人民共和国职业分类大典》中编码为4-09-07-04，碳排放管理员定义为：从事企事业单位二氧化碳等温室气体排放监测、统计核算、核查、交易和咨询等工作的人员。主要工作任务包括：监测企事业单位碳排放现状；统计核算企事业单位碳排放数据；核查企事业单位碳排放情况；购买、出售、抵押企事业单位碳排放权；提供企事业单位碳排放咨询服务。职业包含但不限于下列工种：民航碳排放管理员、碳排放监测员、碳排放核算员、碳排放核查员、碳排放交易员、碳排放咨询员。

三、人民美好生活的需要中孕育的新职业劳动教育

党的十九大报告指出："人民美好生活需要日益广泛，不仅对物质文化生活提出了更高要求，而且在民主、法治、公平、正义、安全、环境等方面的要求日益增长。"这一论断深刻揭示了人民美好生活需要的基本内涵。比如人民对物质文化生活要求越来越高。随着社会生产力的发展，人们不再满足于简单的有饭吃有衣穿，不再满足于有房住有学上，而是想着吃得更好、穿得更美、住得更舒适、行得更便捷，在教育、就业、收入、医疗、消费等方面都有更高的期盼。社会主义不仅要满足人民的物质生活需求，而且要最大限度地满足人民的文化生活需求。改革开放以来，随着人们物质生活的极大改善，文化生活需求的范围将进一步扩大，质量进一步提高，满足人们日益增长的文化生活需要成为美好生活不可或缺的重要组成部分。同时，在经济建设取得重大成就的同时，生态环境受到了不同程度的破坏。对此，我们既要创造更多物质财富和精神财富以满足人民日益增长的美好生活需要，也要提供更多优质生态产品以满足人民日益增长的优美生态环境需要。

纵观社会发展，我们社会新职业大多是顺应经济社会发展需求，满足人民美好生活的需要而产生的，尤其体现在教育、医疗、人居、环保等方面。2022年新增的家庭教育指导师、研学旅行指导师等正是在新阶段新理念新格局和人民美好生活的直接需要中孕育的新职业。随着《家庭教育促进法》的出台实施和"双减"等政策的推行，国家倡导构建覆盖城乡的家庭教育指导服务体系，健全学校家庭社会协同育人机制，加之"三孩"生育政策的实施，家庭教育和社会实践教育的需求加大，诸多因素催生了家庭教育指导师和研学旅行指导师等新职业。

第3节 新型服务性劳动教育教学方法

我国目前服务业发展迅速，2022年服务业增加值638 698亿元，比2021年

增长 2.3%。服务业增加值占国内生产总值比重为 52.8%。服务业发展既是国民经济的黏合剂，还可充当就业的稳定器，服务业就业对国家就业稳定发挥重要作用。一方面，服务业发展，尤其是生产性服务业，作为一种高级投入要素，为工业发展提供专业的中间服务，对其生产效率和竞争力提升产生显著作用。另一方面，服务业发展能够吸纳大量劳动就业，是国民经济就业的"蓄水池"，成为稳定就业的重要基石。因此，推动服务业就业增长是实现就业稳定的关键。

服务业与其他产业部门的基本区别是服务业生产的是服务产品，服务产品具有非实物性、不可储存性和生产与消费同时性等特征。服务业和第三产业在日常应用上是有区别的。一般地，通过国民经济具体产业部门如农业、工业、建筑业等来描述国民经济产业部门时，就采用"服务业"，通过国民经济产业发展层次如第一产业、第二产业等描述国民经济产业部门时，就采用"第三产业"。广义的服务劳动，把社会的分工与协作都看成彼此提供服务，是在从事服务生产和经营活动过程中，劳动者运用特定的设备和工具，直接满足消费者对服务产品的需要的劳动。狭义的服务劳动，同农业劳动、工业劳动和商业劳动等专业劳动相并列，是社会分工的产物，因而服务劳动亦称服务业劳动。在看到我国服务业迅速发展的同时，也应看到目前服务业发展中存在的问题，如生产性服务业发展明显滞后，生活性服务业供给不足等。服务业增加值比重仍低于世界平均水平，整体上处于国际分工中低端环节，服务贸易逆差规模持续扩大。更为关键的是，服务业发展还面临思想观念转变相对滞后，体制机制束缚较多，统一开放、公平竞争的市场环境尚不完善等障碍。

一、现代服务业劳动

现代服务业指金融、保险、旅游、信息和其他能增进和改善人体智能的服务，是相对于传统服务业而言，适应现代人以及现代都市发展的需求，而产生并日渐发展起来的具有高技术含量和高文化含量的服务业。主要包括了以下四大类：（1）基础服务（包括通信服务和信息服务）；（2）生产和市场服务（包括金融、电子商务、农业支撑服务以及中介和咨询等专业服务）；（3）个人消费服务（包括教育、住宿、医疗保健、文化娱乐、旅游、房地产等）；（4）公共服务（包括政府的公共管理服务、基础教育、公共卫生、医疗以及公益性信息服务等）。

现代服务业的发展本质上来自于社会进步、经济发展、社会分工的专业化等需求，具有智力要素密集度高、资源消耗少、产出附加值高、环境污染少等特点。现代服务业既包括新兴服务业，也包括对传统服务业进行技术改造和升级，其本质是实现服务业的现代化。现代服务业发展的方向是以互联网技术为支撑和工具，重点发展新兴服务业。例如，智能化服务、可持续服务、大数据服务、信息安全服务、新媒体社交服务、健康医疗服务等。这将促进服务业的结构调整，提升服务业的效率，实现服务业的持续发展。数字经济正在迅速崛起，在中国经济构成中的比重不断提高，并蕴藏着巨大的市场机遇，有望引领下一个 20 年的服务行业发展进程。共建共享服务业大数据系统，重建消费安全秩序，最终助力服务业新兴业态的蓬勃发展，使其成为拉动中国经济的"新引擎"。以移动互联网发展为例，已经呈现在多方面超过欧美等国家的态势。以分享经济、新零售、服务业等为代表的中国特色商业趋势已经开始影响全球化经济发展。新兴服务型劳动目前主要在商业服务、通信服务、建筑及有关工程服务、销售服务、金融服务、与旅游有关的服务、娱乐、文化与体育服务等领域快速发展。

二、传统服务业劳动的传承与创新

传统服务业是指传统零售、修理、理发、餐饮、旅店、运输物流和其他能增进和改善人体体能，为人们日常生活提供各种服务的行业，大都历史悠久。传统服务业在人民生活和经济社会发展中都承担着重要的作用。传统服务业中的生产性服务业包括多种类型的服务业，其中的流通服务业，如商业、交通运输、邮电通信等行业，又被称为网络性服务业，虽然随着信息化和智能化快速发展，这些生产性服务业的效率大幅度提升，但其基本单元运行方式并没有多大变化，如生产材料从原产地运输到加工生产地的过程。而家庭个人服务等生活性服务业至今在很多区域仍然是采取传统的服务业模式，如菜市场蔬菜的供给和零售，衣服拉链的维修更换。

随着经济的发展和服务业的结构优化与规模扩大，会出现传统服务业向现代服务业转型和现代服务业提升传统服务业的相互促进的局面。以金融、中介、物流配送、信息等为主的现代服务业的发展在优化产业结构和促进经济增长的同时，其显著的知识创新特性和较高的技术与管理水平，也会促进传统服务业的改造和提升，实现跨越式发展。如咸鱼 APP 的应用，以及社区废品自动收购设备，让传统的收购废品在线化、快捷化，这都是对传统服务业的升级。如传统的养老院服务面临着家庭养护、社区养老、互助养老等新形式转型，传统服务业工作者要在这些需求中寻找商机，用新科技引领发展，新的管理理念推动行业发展，不断提升服务效率，创造新的就业机会。

图 10-5　社区旧衣物自动收购机

我们在开展新型服务性劳动教育时，可根据区域服务性劳动发展特点，结合学生自身生活实践，开展相关劳动教育。如通过对自己家庭食品采购来源进行调查统计，探究传统线下食品零售服务业和新型线上食品零售服务业的比例，分析发展趋势，并让学生亲自去体验传统线下食品零售服务业和新型线上食品零售服务业的流程和区别。

第 4 节　创新性劳动教育教学方法的评价

创新性劳动主要包括以进一步认识客观事物而获得新知识的科学创新劳

动，为节约时间和空间，节约体力和精力，节约资源和能源而探索更简便的思想、方法和手段的技术创新劳动，以及为满足社会与个人的新需要而设计与创造新的使用价值的产品创新劳动。在开展创新性劳动教育成效评估时，面对创新性劳动涉及的众多创新要素，我们需要重点从以下三个方面进行评价。

一、先进性评价

先进性就是创新性。只有创新才能保证所开发的技术成果和服务具有先进水平。先进性评价包含如技术或服务的指标、参数、结构、方法、特征，以及对科学技术发展或社会发展的意义等。

具体可以参考以下六个方面进行评价。

一是资源方面：能否充分合理地利用自然资源降低原材料消耗。

二是能源方面：能否显著地节约能源或充分利用再生资源。

三是产品问题：能否大大地改善产品结构，提高产品质量，并有利于新产业的发展和创新产品的开发。

四是劳动生产率方面：能否大幅度地提高劳动生产率。

五是资金方面：能否相对地节约资金。

六是生态平衡方面：能否明显地减少和避免环境污染与生态破坏。

二、体验性评价

通过开展创新性劳动教育活动，可以让学生体验到新事物、新经验、新知识，并由此发展学生适应科技发展和社会变化的能力，形成对科技发展和社会变化的正确认知，促进学生的科学成长。让学生亲历创新性劳动实践，从中获得真切感受，以提升科学认识。具体可以参考以下两个方面进行评价。

一是身体亲历程度。即个体亲身经历某种创新性劳动或某一个创新性劳动阶段。

二是认知提升程度。即个体对上述亲历过程进行抽象、概括，形成概念或观念的阶段。

三、思维能力评价

思维是通过分析、综合、概括、抽象、比较、具体化和系统化等一系列过程,对感性材料进行加工并转化为理性认识来解决问题的。我们常说的概念、判断和推理是思维的基本形式。无论是学生的学习活动,还是人类的一切发明创造活动,都离不开思维,思维能力是学习能力的核心。在创新性劳动评价中,重点评价以下三个方面的能力。

一是科学思维能力。能理解创新性劳动中蕴含的科学知识和原理。

二是技术思维能力。能理解创新性劳动涉及的技术发展过程和原理。

三是社会发展思维能力。能理解社会需求的变化为创新性劳动发展带来的动力,以及相关集成创新的应用与发展。

思考与练习

1. 科学与技术是一个概念吗?

2. 如果让你做一个网络主播,你准备讲一个什么话题,请撰写相关文案,并进行自拍录制,制作一个短视频作品上传抖音、B站等自媒体平台,最后征询观众对你发布作品的评价,以便优化作品。并总结你在其中付出的劳动分别属于什么性质的劳动。

3. 你想从事什么性质的职业劳动?说说你的选择理由。

参考答案

第 11 章
新时代劳动教育展望

▌ 本章导读 ▐

本章对新时代劳动教育的发展进行展望。根据党的二十大报告涉及的劳动内容，重点对劳动思想教育和劳动能力教育进行阐述。通过探寻劳动文明的发展轨迹、弘扬劳动塑造新时代劳动思想。通过科学认知劳动原理、熟练掌握劳动方法和不断提升劳动能力塑造新时代劳动者的必备素养，为实现个人价值指明方向，为国家发展提供坚实支撑，为人类文明发展贡献力量。

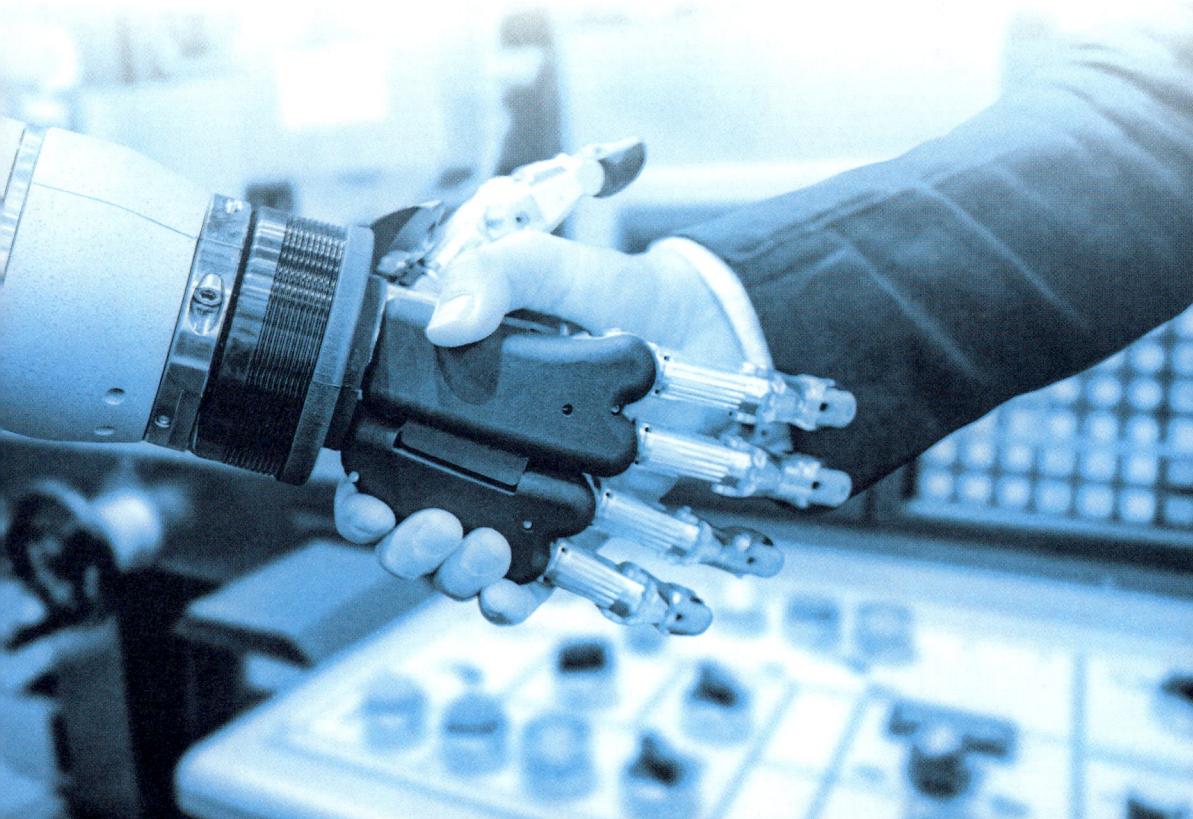

学习要求

了解新时代劳动教育发展中涉及的劳动思想教育和劳动能力教育，并能厘清他们未来的发展趋势；了解人类探寻劳动文明发展的轨迹，认知和弘扬劳动精神的要点；对各类型劳动的原理进行科学认知，掌握符合自身的劳动方法，通过实践，不断提升自己的劳动能力。

思维导图

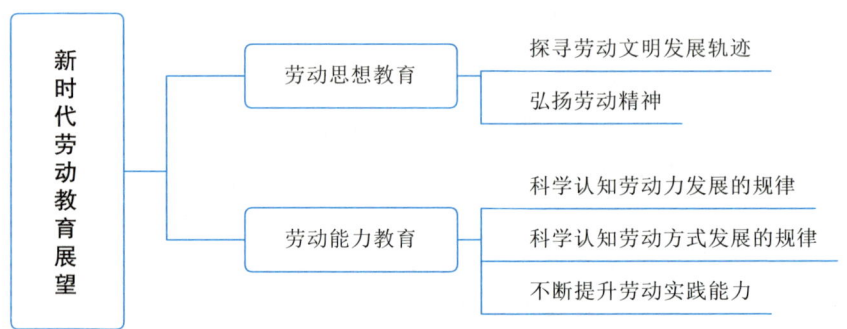

党的二十大报告中11次提到劳动或劳动相关词汇。在未来五年规划中提出要实现劳动报酬提高与劳动生产率提高基本同步。在实施科教兴国战略，强化现代化建设人才支撑章节中，提出坚持尊重劳动、尊重知识、尊重人才、尊重创造。在推进文化自信自强，铸就社会主义文化新辉煌章节中，提出在全社会弘扬劳动精神、奋斗精神、奉献精神、创造精神、勤俭节约精神，培育时代新风新貌。在增进民生福祉，提高人民生活品质章节中，就完善分配制度方面，提出提高劳动报酬在初次分配中的比重；在实施就业优先战略方面，提出统筹城乡就业政策体系，破除妨碍劳动力、人才流动的体制和政策弊端，消除影响平等就业的不合理限制和就业歧视，使人人都有通过勤奋劳动实现自身发展的机会，健全劳动法律法规，完善劳动关系协商协调机制，完善劳动者权益保障制度，加强灵活就业和新就业形态劳动者权益保障。可见，在新时代，我国在弘扬劳动精神、提升劳动生产率、保障劳动者权益等方面将更加重视，新时代劳动教育的发展也将迎来新的春天。我们应该在劳动思想和劳动能力等方面加大教育力度，我们的劳动教育也必须要有世界视野与格局，面向世界，面向未来。

微课：新时代劳动教育的重点和难点

第1节　劳动思想教育

劳动创造了人，而且是人类赖以生存、发展的决定力量。从纵向看，人类文明经历了渔猎采集时代、农业文明时代（包括新石器时代、青铜时代、铁器时代）、工业文明时代（包括手工工场时代、蒸汽时代、电气时代和信息时代），从农业文明向工业文明转变的过程就是现代化的过程。无论是渔猎采集时代，还是工业文明时代，劳动工具和劳动方式都发生了变革，但劳动都是推动时代发展的决定因素。劳动思想决定劳动实践，故开展劳动思想教育意义重大。

一、探寻劳动文明发展轨迹

劳动是人类的本质活动,是推动人类社会进步的根本力量。在劳动的直接推动下,早期人类大体经历了早期猿人(大约生存于距今 300 万年到 200 万~150 万年前)、晚期猿人(大约生存于距今 200 万~150 万年到 40 万~30 万年前)、早期智人或称古人(大约生存于距今 30 万~20 万年到 5 万年前)、晚期智人或称新人(大约从 5 万年前开始)4 个发展阶段。在从早期猿人到晚期智人的发展过程中,人类脑量不断增大,体态特征越来越区别于猿而近似于现代人,劳动工具日益改进和多样化,经济生活逐渐丰富起来,并开始出现原始精神文明。从晚期智人开始,人类逐渐发展成现代世界的各色人种。

文明是指人类社会的进步状态,包括物质文明和精神文明两个方面,它是在一定社会生产方式的基础上产生,并随着社会的进步不断发展的。当我们去聚焦某种文明时,我们会发现文明本身往往都有物质和精神两部分,也就是说,物质文明和精神文明本身就是相辅相成的,文明的载体材料可能是物质的,而运用材料的心思和心智都是精神的,如器物越完备复杂,其中蕴含的精神因子越多,付出的脑力劳动就越多,可见人类文明的发展与劳动文明的发展紧密相关。

图 11-1 商后母戊鼎

劳动光荣、创造伟大，是马克思主义劳动观的基本观点，是对人类文明进步规律的重要诠释，也是深深根植于中华民族血脉的精神基因。华夏文明是人类历史上唯一没有中断的文明。在漫长的历史发展过程中，华夏文明不曾间断，主要靠文明不断累积。这种累积主要体现在两个方面：一是由文字记载而形成的大量书面文献资料；二是众多的实物，包括器物、遗迹、遗址等。无论是距今约八九千年的河南裴李岗出土的农业生产工具和粮食加工工具，还是距今6000年的河南仰韶文化时期出现的家畜饲养业，都印证着我们这个伟大民族具有悠久的劳动文明历史。

社会主义是干出来的，新时代是奋斗出来的。过去100年，无数劳动者为我们国家从传统社会向现代社会转变付出了艰苦卓绝的努力，中国用占世界7%的耕地养活了占世界22%的人口，这是一个了不起的奇迹，对世界是一个巨大的贡献。尤其是最近几十年，中国劳动者创造了一个又一个奇迹。从规模上看，我们这个14亿人口的大国，比此前崛起的所有大国人口总和还要多；从时间上看，又具有超级"压缩性"：中国仅用了几十年的时间，就走完了西方国家几百年走过的路。我们不仅建设了众多令世人瞩目的水电站、大桥、隧道，还建设了全世界最庞大的高速公路网、最全最大的高铁网。我们的南水北调、南海岛礁建设，也让世界叹为观止。天宫遨游、蛟龙探海、天眼探空、悟空探秘、墨子传信、月球取壤、火星漫步、大飞机一飞冲天，中华民族比其他任何一个民族都更热切地拥抱互联网等新科技，中国的庞大体量也为互联网革命注入了全新动力。在人工智能等高新技术领域，我们也积极融入，不断加大投入，不断为世界新技术革命贡献力量。

劳动文明的发展与变革推动着人类文明向前发展，要开展劳动教育，就要让学生了解人类劳动文明的发展轨迹，尤其是中华民族的劳动文明发展史。一个优秀的劳动者不仅要掌握扎实的劳动技能，也要了解劳动文明的过去、现状和未来，这样才能站在劳动文明发展的前沿，才能为国家和民族的事业发展贡献出更多力量。

二、弘扬劳动精神

中华民族数千年的文明史中记录着一个个生动而感人的劳动神话和寓言

故事。夸父逐日、大禹治水、精卫填海、愚公移山等故事激励着一代代中国人。这些故事表达了我国古代劳动人民有敢于征服大自然、挑战大自然与改造大自然的决心和毅力，这也是我中华民族所具备的一种劳动精神。愚公移山是中华民族自古形成的，为一个目标而奋勇向前，不达目的决不罢休之精神，这种精神是几千年以来中华儿女从劳动实践中奋斗与总结出来的，是中华民族的优秀传统精神，是中国人民共同的精神家园。而我们从《大禹治水》中，还知道我中华民族的另外一种精神，就是能在失败中，不断地吸取经验教训，不光要有"勇"，更要有"智"，"智"与"勇"的结合，更能体现出我中华民族的"大智大勇"的精神，正是因为有这种精神，我中华民族才能屹立于世界民族之林。

劳动精神是指崇尚劳动、热爱劳动、辛勤劳动、诚实劳动的精神。中华文明历经沧桑而生生不息，一个重要原因就是中华民族始终崇尚劳动、热爱劳动。人生在勤，勤则不匮。对于我们个人来说，我们的人生价值和美好梦想，只有通过诚实劳动才能实现；生命里的一切辉煌，只有通过努力劳动才能铸就。对于我们的事业来说，事业发展中的各种难题，只有通过诚实劳动才能破解。要实现中华民族伟大复兴的中国梦，根本上要靠全体人民的劳动、创造奉献。

新中国成立之后，全国人民团结协作，敢于正视自然，有勇于挑战大自然、改造大自然的决心和意志。比如，三峡大坝的建设、南水北调工程的建设，还有多项工程项目的开发建设，正体现了我们中华民族的不屈的劳动精神。袁隆平、孟泰、邢燕子、申纪兰、时传祥、李素丽、王进喜、赵梦桃等一大批先进劳动模范人物（具体事迹见扫码），为祖国做奉献、与新时代齐奋进，激励着广大人民争做新时代的奋斗者，谱写了"中国梦·劳动美"的新篇章。他们是劳动者的优秀代表，是民族的精英、国家的栋梁、社会的精英、人民的楷模。习近平总书记特别礼赞劳动创造，指出"劳动最光荣、劳动最崇高、劳动最伟大、劳动最美丽"。全面建设社会主义现代化国家新的伟大征程为广大劳动人民提供了宝贵机遇和广阔舞台。一切劳动者，只要有志气有闯劲，肯学肯干肯钻研，就能立足岗位成长成才，在劳动中体现价值、展现风采、感受快乐。

弘扬劳动精神是开展劳动教育的基础性工作。通过教育宣传、实践指引及全媒体传播等方式大力弘扬劳动者干一行、爱一行、钻一行、精一行的劳

第 11 章 新时代劳动教育展望

动奋斗精神；大力弘扬劳动者永葆奋斗激情的劳动创新精神。大力弘扬劳动者自觉把人生理想融入国家事业发展之中的奉献精神。中国式现代化的进程是一个呼唤劳动创造、鼓励拼搏进取的时代，也是一个有机会干事创业，更能干成事业的时代。这需要我们大力弘扬劳动精神，用劳动托举复兴梦想，靠双手开创美好明天。

第 2 节　劳动能力教育

劳动能力是人进行劳动生产活动的能力，包括体力和脑力两个方面，是体力和脑力的总和；是劳动者以自己的行为依法行使劳动权利和履行劳动义务的能力，即法律上所指的劳动行为能力。在开展劳动能力教育时，需要让学生能科学地认知劳动原理、熟练掌握劳动方法、不断提升劳动能力。

一、科学认知劳动力发展的规律

随着社会生产力的发展、科学技术的进步、生产技术构成的变化，对劳动力的体力和智力作用有不同要求。社会生产过程中，劳动力在劳动中的体力因素作用逐渐下降；由传统的经验和手工技巧组成的智力因素部分，其作用也不断下降，由现代的专业科学知识和技术操作能力组成的智力因素部分，其作用不断上升。劳动力发展变化规律是社会生产中劳动力的体力与智力作用变动的必然趋势，是社会生产力诸因素自身发展规律之一。①

 案例 11-1

工业劳动教育之汽车工程师

汽车是由机密机械与精巧设计构成的工业艺术品，孩子们对汽车都充

---

① 吴忠观. 人口科学辞典［M］. 成都：西南财经大学出版社，1997.

满好奇和喜爱。如果能进入汽车工业园区，近距离观察汽车的生产过程，对汽车展开解剖式的了解，过一把汽车工程师的瘾，无疑是一段能让孩子兴奋的记忆。课程设计如下：

一、课程主要内容与目标

（1）深入汽车生产一线，给孩子最直观的汽车知识。

（2）详解汽车发展历史，给孩子最系统的知识体系。

（3）亲自动手制作模型，让孩子充分发挥学习动能。

二、课程具体内容与场景设计

1. 参观焊接车间

观摩自动化生产线、机器人生产线如何进行焊装，观摩汽车成车前的几大工艺线。

2. 参观总装车间

进入工厂，参观生产过程，了解一辆汽车是如何从无到有生产而来的。

图 11-2　汽车焊接车间与总装车间

第 11 章 新时代劳动教育展望

3. 学习汽车基础知识

研习汽车知识，拆解车观察，观摩奇瑞无人驾驶技术，了解未来城市交通构思。

图 11-3 汽车知识问答

4. 互动活动：稀奇古怪的汽车竞赛

遥控模型车不单是玩具，它可以说是"真正汽车的缩小版本"，它有着和汽车相同的悬挂系统，拥有与真车相似的操控感觉，小工程师们要学习各种基础的操控技巧，把驾驶技能淋漓尽致地发挥在这场竞速赛上。

5. STEM 汽车设计与测试

提升孩子的动手实践能力，让孩子亲手拼装一辆具有驱动力的车辆模型，小伙伴要充分运用空间思维与逻辑思维能力，条分缕析地将车辆模型拼装成为品质优良的赛车，并测试其运动性能。

（本案例由荒野科学自然教育工作室与奇瑞途居营地提供）

随着科学技术的飞跃发展，在劳动者的现代专业科学知识和技术操作能力方面，还存在着老化与更新不断加快的趋势。研究劳动力发展规律，可以为培养高智能劳动力、发展社会教育和职业培训事业提供客观依据。劳动力日益智力化趋势，反映在社会生产过程中，表现为劳动力结构的变化，劳动者从事科学研究和管理控制人员增多，直接从事体力劳动的劳动者减少。这样，就大幅度地提高了社会劳动生产率，为社会生产发展创造了条件。

二、科学认知劳动方式发展的规律

迄今为止，人类创造了多种形态的文明。从劳动方式的角度看，有渔猎文明、农耕文明、工业文明、后工业文明等。马克思认为，一种文明是什么样的，"不在于生产什么，而在于怎样生产，用什么劳动资料生产"。由此可见，文明形态演进既与具体的地域时空有关，更与作为核心和基础的物质性力量——人的劳动及其方式的变革有关。对此，可以说，作为人类文明重要表征的劳动方式，不仅是人类文明的测量器、指示器，更是人类文明的变革器、加速器。

渔猎农耕文明时代，被解放了的、自由的"手"所直接操作的手工劳动是最基础的劳动方式。手工工场是手工劳动发展的高级阶段，但面对不断扩大的市场以及不断增加的更大的需求，即使是手工工场也不能满足随着新市场的出现而增加的人类需求。于是，蒸汽机引发了工业生产的革命，现代大工业逐步代替了工场手工业，人类开启了从"手工文明"走向"机器文明"的时代。人类的机器文明时代不断展开而且创造了前所未有的工业发展奇迹。正是在劳动方式不断更新的过程中，作为智能生命的人以模拟自己思维的方式赋予机器以"智能"的力量，甚至一定程度地实现了"机器是人"的转换。智能时代，数字劳动是所有劳动形式的鲜明标志，并且成为智能时代劳动的一种重要方式。近期，ChatGPT 聊天机器人程序的出现引起全世界的瞩目，有望引起新的智能时代革命。

图 11-4　ChatGPT 聊天机器人程序标识

如今，中国已经开启了数字文明的大门，中国式现代化的人民性、共享性、公正性、生态性的价值引领使数字劳动拥有了精神指向和温度，使其不再是冷冰冰的数字，而是有灵魂的劳动。这种共享文明不仅使中华文明具有了世界历史意义，而且推动了人类文明发展的新形态，引领人类迈进数字文明时代。

三、不断提升劳动实践能力

实践是检验真理的唯一标准，劳动实践能力是检验一个劳动者的唯一标准。劳动实践能力一般分三类：一是一般性的劳动能力，多指日常所需的劳动能力，包括为自己服务的穿衣、吃饭等和为他人服务的简单体力及脑力劳动；二是职业性劳动能力，是指经过专业训练，具备专门知识或专业技能的劳动能力（如网络工程师、教师、歌唱家、钢琴师等）；三是综合性创新性的劳动能力，是指具有综合管理、科技创新创造的能力（如国际化公司高管、科技创新研究人员、集成创新人才等）。

图 11-5　芜湖市最美工匠理发师管金和

随着社会劳动分工的不断发展，新的劳动业态对劳动实践能力提出了更高要求，掌握更多的专业性、创新性和综合性的劳动方式，才能成为一名优秀的劳动者。在我们的劳动教育工作中，我们要利用一切机会为学生创造不同的劳动实践机会。如"劳创融合"是一种值得推崇的劳动教育发展的科学理念[①]。也就是说，我们在开展劳动教育的过程中，不要拘泥于固定的形式，要鼓励学生在创新创业中开展劳动教育，注重引导学生依靠自身劳动创造人生价值，注重学生在劳动实践中提升就业创业核心竞争力。注重过程评价和增值评价，即通过设置创新创业、实践先锋、学科竞赛等特长奖，引导学生参与创造性劳动实践，以自评和他评相结合的方式评价学生创造性劳动能力增长情况，作为衡量学生全面发展、深化教育教学改革的重要指标之一。

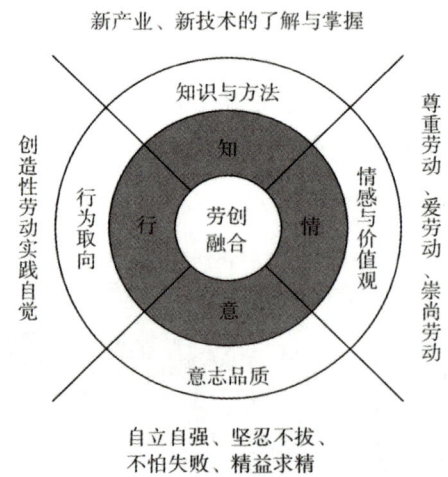

图 11-6　劳创融合理念

思考与练习

1. 在中华民族的文明发展历程中，最让你印象深刻的与劳动相关的文明是什么？请说明给你印象深刻的原因。

2. 说起劳动精神，你会想到哪些人？哪些事情？

---

① 叶柏森，高福营.劳创融合：基于创新创业教育的大学生创造性劳动能力培养模式的构建与实践［J］.劳动教育评论，2022（01）：28-39.

3.说一说你的生活劳动能力、专业劳动能力和创新劳动能力如何？并说明原因。